ライブラリ 経済学15講 BASIC編 6

国際経済学15講

伊藤恵子
伊藤　匡 共著
小森谷徳純

fifteen Lectures on
International Economics

新世社

編者のことば

　『ライブラリ 経済学 15 講』は，各巻は独立であるものの，全体として経済学の主要な分野をカバーする入門書の体系であり，通年 2 学期制をとる多くの大学の経済学部やそれに準じた学部の経済学専攻コースにおいて，いずれも半学期 15 回の講義数に合わせた内容のライブラリ（図書シリーズ）となっている。近年では通年 4 学期のクォーター制をとる大学も増えてきているが，その場合には，15 講は講義数を強調するものではなく，講義範囲の目安となるものと理解されたい。

　私が大学生のころは，入学後の 2 年間は必修となる語学や一般教養科目が中心であり，専門科目としての経済学は，早目に設置・配当する大学においても，ようやく 2 年次の後半学期に選択必修としての基礎科目群が導入されるというカリキュラムだった。一般教養科目の制約が薄れた近年は，多くの大学では 1 年次から入門レベルの専門科目が開講されており，学年進行に合わせて，必修科目，選択必修科目，選択科目といった科目群の指定も行われるようになった。

　系統だったカリキュラムにおいて，本ライブラリは各巻とも入門レベルの内容を目指している。ミクロ経済学とマクロ経済学の基本科目，そして財政学や金融論などの主要科目は，通常は半学期 15 回で十分なわけではなく，その 2 倍，3 倍の授業数が必要なものもあろう。そうした科目では，本ライブラリの内容は講義の骨格部分を形成するものであり，実際の講義の展開によって，さまざまに肉付けがなされるものと想定している。

　本ライブラリは大学での講義を意識したものであるのは当然であるが，それにとどまるものでもないと考えている。経済学を学んで社会に出られたビジネスパーソンの方々などが，大学での講義を思い出して再勉強する際には最良の復習書となるであろう。公務員試験や経済学検定試験（ERE）などの資格試験の受験の際にも，コンパクトで有効なよすがになると期待している。また，高校生や経済学の初心者の方々には，本ライブラリの各巻を読破することにより，それぞれの分野を俯瞰し，大まかに把握する手助けになると確信している。

　このほかの活用法も含めて，本ライブラリが数多くの読者にとって，真に待望の書とならんことを心より祈念するものである。

浅子　和美

はしがき

　本書は，国際経済学を初めて学ぶ学生を対象とした，国際貿易に関する入門的な教科書である。具体的には，国家間の貿易パターンはどう決まるのか，何が貿易の利益でそれがどう分配されるのか，貿易制限的な措置が消費者や生産者にどのような影響を与えるのか，といった問いに関する基礎的な理論を学ぶ。さらに，二国間や多国間での貿易自由化を推進する枠組みや，国境を越えた生産分業の現状などについても理解を深めてもらうことを目的としている。

　本書の著者たちが大学や大学院で国際経済学を学び始めた 1990 年代，すでに東西冷戦は終結し，世界は貿易自由化に向けて大きく前進していた。そして 2000 年代にかけてモノ・カネ・ヒトの国境を越えた移動は飛躍的に増大し，世界の多くの国々がグローバル経済からの恩恵を受けて成長した。

　しかし，本書執筆中の 2022 年夏現在，アメリカと中国，そしてロシアなど大国どうしの対立が深まり，経済安全保障の名のもとに各国が貿易を管理・制限したり，海外に移転していた生産拠点の国内回帰を進めたりするなど，自由貿易が後退しつつある。もちろん，各国間の関係は経済的利益だけではなく，政治体制や歴史的・文化的要素によって決まってくる。しかし，世界経済の不確実性が増している今，私たち一人ひとりが，国際貿易の利益や意味を論理的かつ客観的に理解することの重要性が，かつてないほどに高まっているのではないだろうか。

　歴史を振り返ると，第二次世界大戦を引き起こしてしまった原因の一つに，世界大恐慌後の不景気の中で各国が保護貿易主義を強めたことが挙げられている。その反省に基づいて，大戦後は欧米先進国を中心に貿易自由化に向けた多国間交渉が行われ，さらに 1995 年には多くの発展途上国も加盟して世界貿易機関（WTO）が設立された。2001 年 12 月には中国が WTO に加盟し，世界貿易は一層拡大，グローバル化が大きく進展した。

貿易自由化の進展によって，私たちはさまざまな恩恵を受けてきた。たとえば，途上国の安い労働力を使って縫製したものを輸入することにより，ファスト・ファッションといわれるような比較的安価でかつスタイリッシュな洋服を購入できるようになった。また，今や生活必需品であるパーソナル・コンピュータやスマートフォンなども，世界各国の企業が生産したさまざまな部品を貿易し合いながら完成品になり，世界中の消費者のもとに供給されている。これらの製品は，国際貿易が制限されたら，たちまち生産できなくなるだろう。ほかにも，貿易によって私たちの生活が豊かさを増した例は枚挙にいとまがない。

　しかし，2010年代に入ると，欧米先進国を中心にグローバル化に批判的な主張が台頭し始め，アメリカのドナルド・トランプ政権のもとで米中対立が深まり，米中貿易戦争といわれる事態に発展した。さらに，本書執筆中の2022年2月にはロシアがウクライナに侵攻し，日本や欧米諸国はロシアに対する経済制裁として輸出入を制限するなど，世界経済が分断されつつある。

　このように，2022年現在，グローバル化の時代は終焉に向かおうとしているのかもしれない。しかし，保護主義の台頭が第二次世界大戦を引き起こしてしまったことや，大戦後の貿易自由化に向けた努力の中で日本を含む多くの国々が貿易を通じて目覚ましい経済成長を遂げたことを思い起こしてほしい。世界の大国どうしが対立し，絶対的なリーダー不在の今，私たち一人ひとりが貿易の利益や重要性をしっかりと理解することが，保護主義の暴走を止め，世界各国を共存共栄の軌道に戻していくための第一歩であると信じている。また，将来，直接的または間接的に外国の企業とのビジネスに携わる可能性の高い学生諸君には，貿易が与える影響を，消費者や生産者，労働者，そして自国，外国など，さまざまな視点から考察することを学んでほしい。

　本書の構成は以下のとおりである。まず，第1講は全体のイントロダクションとして，世界や日本の貿易パターンを概観する。第2講では，国境を越えた取引において，モノとその代金のやり取りが実際にどのように行われるのか，貿易の実務について紹介する。経済学の理論的な内容に入る前に，

実際の取引のイメージをつかむことで貿易をより具体的なものとして捉えられるようになれば幸いである。また，第3講では，貿易理論を学ぶ上で必要となる経済学の基礎理論を解説する。すでに経済理論の基礎を習得している読者は読み飛ばして構わないが，簡単に基礎理論を復習してから次講以降に進むことで，貿易理論をより理解しやすくなるだろう。

第4講と第5講は，リカード・モデルとヘクシャー＝オリーン・モデルという，伝統的な貿易理論を説明し，貿易が行われる理由や貿易の利益について学ぶ。これらの伝統的な貿易理論で説明できない，産業内貿易といわれる貿易パターンについては第6講で説明する。そして，第7講では，企業の異質性を考慮して，同一産業に属する企業でも輸出市場に参入する企業とそうでない企業とがあるとの前提のもとで貿易の利益を分析・考察する新しい貿易理論を紹介する。

第8講では各種の貿易政策を紹介し，関税が国内の生産量や消費量，そして消費者の満足度や生産者の利益などに与える影響を理論的に学び，第9講では不公正な貿易を正す措置としても関税が用いられることを学ぶ。さらに，第10講では，第二次世界大戦後の貿易自由化への歩みや，自由貿易を推進してきた国際機関および特定の国々による地域的な経済統合について学ぶ。第11講では，これまで学んできた貿易理論を実際のデータを用いて実証した分析を紹介する。

企業が海外市場に製品やサービスを供給する方法は貿易だけではなく，海外に拠点を持って現地生産したり，外国企業に生産を委託したり，さまざまな形態で企業は国際的に事業活動を展開している。第12講では，複数の国に拠点を置いて活動する多国籍企業について学ぶ。第13講では，自社の海外拠点での生産のみならず，海外の他社への生産委託や海外の他社からの生産受託などさまざまな形で展開される国境を越えた生産分業について説明する。

第14講では，経済地理学を紹介し，基礎的な貿易理論では説明できない，経済活動の地理的な集中現象を理論的に考察する。そして，最後の第15講では，情報通信・デジタル技術の進歩が加速度を増す中で今後予想される貿易パターンの変化や，変化に対応した国際的なルール作りの重要性について

述べる。

　本書は，初学者向けのスタンダードな内容で構成されているが，2000年代以降大きく発展した新しい貿易理論（第6講，第7講），国境を越えた生産分業や付加価値貿易（第12講，第13講），経済地理学（第14講）など発展的な内容もなるべく平易に紹介することを目指した。とはいえ，多少難解な箇所もあるとは思うが，本書をきっかけにしてさらに発展的な書籍や教材にも挑戦し，次の学習ステップに進んでいただけたら幸いである。

　最後に，本書の刊行にあたり執筆を薦めてくださった一橋大学名誉教授の浅子和美先生に心より御礼を申し上げたい。また，本書の企画段階から校正，出版まで大変お世話になった新世社編集部の御園生晴彦氏と谷口雅彦氏に深く感謝の意を表したい。

　2022年8月

伊藤恵子・伊藤匡・小森谷徳純

目　次

第1講
はじめに

■第二次世界大戦後，世界各国は貿易自由化への歩みを進め，世界の貿易額は
生産額を上回るスピードで増加，各国間の貿易パターンも大きく変化した。
こうした変化を概観し，国際貿易に関連して本書で学ぶテーマを紹介する。

1.1 国際経済学とは------------------------------
：国際経済学における主な論点

　今，私たちが身に着けている洋服や靴，また，今や生活必需品ともなって
いる携帯電話は，どこで作られたものだろうか？ 中国や他のアジア諸国で
生産された洋服や電化製品が多いのではないだろうか？ それに，私たちは
食料品やエネルギーの多くも外国からの輸入に頼っている。もし外国との貿
易がなかったら，私たちの生活そのものがどうなっているのか想像すらでき
ないほど，「貿易」つまり「モノやサービスの国境を越えた取引」は極めて
重要なものになっている。しかし一方で，近年，欧米諸国を中心に，貿易の
自由化などに反対するアンチ・グローバリズムの動きが広がっていることも
事実である。2016 年にはイギリスの欧州連合（EU）からの離脱が決定し，
2017 年にアメリカ大統領に就任したドナルド・トランプ氏は「貿易戦争は
良いものであり，勝つのは簡単である。」とツイッターで述べ大々的な貿易
戦争を引き起こした。より自由な貿易を推進すべきなのか，または貿易を制
限した方がよいのか，私たちは理論やデータなどの明確な根拠に基づいた客
観的議論を深めていかなければならない。

　現代の国際経済関係を理解するために，国際経済学という学問分野を勉強
することは有益であるが，国際経済学とは何を扱うのだろうか。国際経済学

は，大きく国際貿易と国際金融という2つの分野に分けられるが，本書では，国際貿易について，その基礎理論から現代的事象や課題までを取り扱う。本書を通じて，貿易とは，いったいどのような経済活動であり，社会や企業・個人にどのような影響をもたらすものなのかを学んでいこう。

　具体的には，以下の4つのテーマを中心に学ぶことを通して，貿易の拡大が各国の企業や労働者，さらには国や世界全体の経済活動にどのような影響を与えているのかを考える。

(1)　貿易の利益：そもそもなぜ貿易が行われ，貿易取引は拡大してきたのだろうか？

(2)　貿易のパターン：貿易パターン（どの国が何を輸入し，何を輸出するか）はどのように決まり，貿易パターンと各国の経済発展にはどのような関係があるのだろうか？

(3)　各国の貿易政策と国際政策協調：各国はどこまで貿易障壁を取り除くべきなのか，各国は協調してどのような国際貿易ルールを作っていくべきなのだろうか？　また，アメリカと中国の間のような貿易摩擦・貿易戦争で各国は得をするのだろうか？

(4)　経済活動のグローバル化：技術革新や貿易障壁の低下が，各企業の国際的な事業展開をどのように拡大させ，国際貿易の規模やパターンにどのような変化をもたらしたのだろうか？

1.2　世界と日本の貿易概観----------------------

　上の4つのテーマについて学んでいく前に，まず，世界そして日本の貿易の規模や構造について概要をつかんでおこう。図1-1は，世界全体の生産額と貿易額の伸びを比べたものである。世界全体の生産額は各国の国内総生産（GDP）を合計したもので，世界全体の貿易額は各国の財とサービスの輸出額を合計したものである。両者の伸びを比較するため，1970年におけるそれぞれの名目金額が100となるように基準化してある。

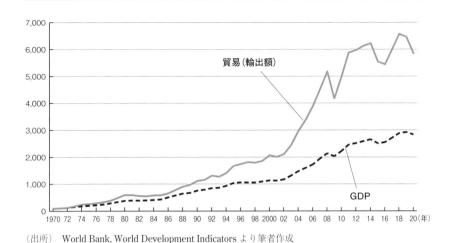

7,000
6,000
5,000
4,000
3,000
2,000
1,000
0

貿易（輸出額）

GDP

1970 72 74 76 78 80 82 84 86 88 90 92 94 96 98 2000 02 04 06 08 10 12 14 16 18 20(年)

（出所）　World Bank, World Development Indicators より筆者作成

図1-1　世界の貿易と生産（1970年の名目金額＝100）

　図1-1から，世界の貿易額は生産額を上回るスピードで増加してきたことがわかる。名目金額に基づく数値なので実質的な大きさとは異なるが，1970年からの50年間で，世界貿易額は約60倍にも増加している。一方，世界の名目GDPは同期間に約30倍になっている。特に2000年代以降，貿易額の増加スピードが加速したが，2008年の世界金融危機後に貿易額は大幅に減少した。2010年代に入ると貿易額の伸びにブレーキがかかってはいるものの，過去数十年の間に世界貿易規模は著しく拡大し，貿易が極めて重要な経済活動となったことを示している。

　世界貿易のパターンはどのように移り変わってきたのだろうか。第二次世界大戦後から1990年代までは，北米・欧州が世界輸出の6割以上を占めてきた。1970～80年代にはアジア諸国が輸出主導で急速な経済成長を実現し，図1-2のように1995年時点においてアジア諸国が世界輸出の3割近くを占めるまでになった。さらに，2015年時点における世界輸出の構成をみると（図1-3），中国がそのシェアを拡大し，アジア諸国のシェアも4割近くまで増加した。世界輸出の品目別構成をみると，表1-1のとおり，機械・輸送機器が世界輸出額のほぼ半分を占めている。このように，過去数十年間の貿

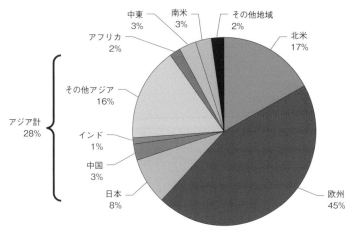

（出所）　WTO データベースより筆者作成

図1-2　世界輸出の地域・国別構成（1995 年）

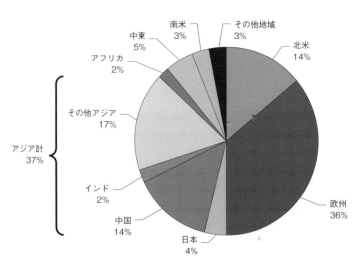

（出所）　WTO データベースより筆者作成

図1-3　世界輸出の地域・国別構成（2015 年）

表 1-1　世界輸出の品目別構成

(単位：%)

品目	1980 年	1995 年	2015 年
農産品	17	14	12
燃料・鉱物資源	32	12	18
鉄　鋼	4	4	3
化学製品	9	12	15
機械・輸送用機器	32	50	46
繊　維	4	4	2
アパレル	2	4	4
品目計	100	100	100

（出所）　WTO データベースより筆者作成

易拡大の過程で，機械・輸送機器の割合が大きくなってきたこと，また，アジア諸国，特に中国が重要な輸出国・地域として台頭してきたことが特徴として挙げられる。

　日本の貿易パターンも，世界貿易パターンと呼応して変化してきた。図1-4 は，対 GDP 比で示した，日本のモノ・サービスの輸出額と輸入額の推移を表している。日本は国内の経済規模が比較的大きな国であり，輸出入の対 GDP 比は概ね10％前後で推移してきたが，2000 年代以降その比率が上昇傾向である。その背景には，高齢化や人口減少により国内経済規模（GDP）が拡大していないことや，新興国などを中心に諸外国が経済成長し外国の生産や消費が拡大していることなどさまざまな要因があるが，日本経済にとって貿易の重要性が増していることを示している。

　日本の主要貿易相手国としては，1990 年代まではアメリカが輸出でも輸入でも第一位の相手国であったが，2000 年代に入ると輸入相手国の第一位は中国となり，2000 年代末からは輸出先としてアメリカと中国が拮抗している。2021 年の貿易相手国上位をみると，輸出入ともに中国が第一位で，中国は日本の最重要な貿易相手国となっている（表1-2）。地域別に貿易相手の内訳をみると，近年，中国を含む東アジアが日本の輸出額，輸入額のそ

（出所）　World Bank, World Development Indicators より筆者作成

図1-4　日本の輸出入（対GDP比）推移

れぞれ4割以上を占めている。アメリカのシェアが輸出額の約2割，輸入額の約1割であり，EUのシェアが輸出額，輸入額のそれぞれ約1割であることと比べて，日本にとっていかにアジア諸国との貿易が重要なものとなっているかがわかる。

　日本の輸出入における品目別構成をみても，貿易パターンの変化は顕著である（表1-3）。1980年において，輸入の6割超が燃料や鉱物資源であり，輸出の7割が機械・輸送用機器であった。輸入における機械・輸送用機器のシェアは6パーセントにしかすぎなかった。しかし，2015年には，機械・輸送用機器が主要輸出品目であることは変わらないものの，輸入においても3割超を占めるまでに拡大している。つまり，同一の産業分類に属する財を輸出も輸入もするという「産業内貿易」が増加したことを示唆しており，輸出においても輸入においても機械類が日本の重要な貿易品目となっている。

　なぜ貿易が行われるのか，そして何が世界の貿易パターンを決めるのかなどについては，本書の**第4講〜第7講**でより詳しく学んでいこう。

表1-2　日本の貿易相手国上位10か国（2021年）

ランキング	輸　出		輸　入	
	国　名	シェア(%)	国　名	シェア(%)
1	中　国	21.6	中　国	24.1
2	アメリカ	17.8	アメリカ	10.5
3	台　湾	7.2	オーストラリア	6.7
4	韓　国	6.9	台　湾	4.3
5	香　港	4.7	韓　国	4.2
6	タ　イ	4.4	サウジアラビア	3.6
7	ドイツ	2.7	アラブ首長国連邦	3.5
8	シンガポール	2.6	タ　イ	3.4
9	ベトナム	2.5	ドイツ	3.1
10	マレーシア	2.1	ベトナム	3.0

（出所）　財務省「貿易統計」よりジェトロ国際経済課作成

表1-3　日本の貿易の品目別構成

（単位：%）

品　目	1980年		2015年	
	輸　出	輸　入	輸　出	輸　入
農産品	3	23	2	14
燃料・鉱物資源	2	64	5	35
鉄　鋼	14	1	6	1
化学製品	6	4	13	11
機械・輸送用機器	70	6	73	32
繊　維	5	1	1	2
アパレル	0	1	0	5
品目計	100	100	100	100

（出所）　WTOデータベースより筆者作成

1.3 貿易自由化への歩み----------------------

　このように，世界貿易は拡大を続け，特に中国を含むアジア諸国が世界貿易において大きな役割を担うようになる中で，日本経済の国際化・アジア経済との一体化が進んできた。経済のグローバル化が進んだ背景には，第二次世界大戦後，世界各国が自由貿易体制の推進を通じて世界経済の復興・発展を追求してきたこと，1980 年代末の東西冷戦の終結，そして 1990 年代からの情報通信技術の革命的進歩などが挙げられる。

　1929 年の世界大恐慌の後，不況に苦しむ国内産業を保護する目的で欧米諸国が関税障壁を高くし保護主義が台頭したことが，第二次世界大戦を引き起こした一つの要因であった。こうした戦前の失敗への反省から，第二次世界大戦末期，アメリカのニューハンプシャー州ブレトン・ウッズにて，連合国代表が戦後の復興と国際経済体制について話し合った。1945 年に発効したブレトン・ウッズ協定に基づいて，国際通貨基金（IMF：International Monetary Fund）と国際復興開発銀行（IBRD）が設立され，国際金融システムの安定と世界経済の復興に向けて新しい国際経済体制がスタートした。戦後国際経済体制のもう一つの柱が，「関税と貿易に関する一般協定（GATT）」（1947 年に採択）であり，先進国を中心に GATT のもとで「ラウンド」と呼ばれる多角的貿易交渉が行われ，先進国の関税率は大幅に低下してきた。日本は 1955 年に GATT に加盟し，その後段階的に工業品・農産品の関税率を下げ，貿易自由化を進めてきた。

　さらに 1995 年には，GATT は「協定」から世界貿易機関（WTO）に改組され，多くの発展途上国も含む「国際機関」として，貿易障壁の撤廃やルールの策定などを進めてきた。一方で，1992 年の欧州連合（EU）の発足や，北米自由貿易協定（NAFTA）の発効など，地域レベルでの貿易自由化も進展した。2000 年代に入ると，WTO での多国間交渉の停滞も背景に，二国間や地域間の自由貿易協定（地域貿易協定（RTA）と呼ぶ）が急増した。こうしてさまざまなレベルでの協定が混在する状況にはなったものの，二国間，地域間，そして世界レベルでの貿易障壁の低下，貿易ルールの構築は着実に進んでき

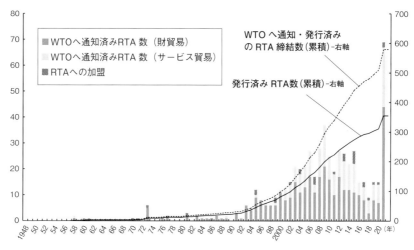

（出所）　WTOデータベースより筆者作成

図 1-5　世界の地域貿易協定（RTA）の数（1948〜2021年）

た（図 1-5）。

　各国の貿易政策の効果や貿易自由化への国際的な取り組みについては，本書の**第 8 講〜第 10 講**で取り上げる。また，こうした制度的な貿易自由化の進展とともに，1980 年代以降の新興国の経済発展，東西冷戦の終結，情報通信技術の進歩なども，国際貿易の拡大に大きく貢献した。具体的には，多くの東アジア諸国が開放的な経済政策を志向し輸出主導型の経済成長を目指したこと，東欧など旧社会主義国が西側資本主義経済圏に組み込まれたこと，技術革新によって国境を越えた輸送や通信のコストが大幅に低下したことなどが，企業活動の国際化を促した。さまざまな財の生産において，各生産工程が国境を越えて配置され，それにともなって，完成品の貿易のみならず部品や中間財の貿易が急速に拡大してきた。こうした国境を越えた生産ネットワークの拡大要因や，技術進歩との関連などについては，本書の**第 12 講〜第 15 講**で取り上げる。

1.4 国際貿易と国際収支------------------------

■貿易統計と国際収支統計

本講の最後に，国際貿易の実態を把握するために利用される統計について説明しておこう。

まず，品目や相手国別に輸出入量や金額を詳細に記録した貿易統計（通関統計という呼び方もある）を各国が作成している。日本においても，財務省が詳細な品目別・貿易相手国別に毎月の輸出入のデータを公表しており，財務省の貿易統計ウェブサイトからダウンロードできる。貿易される財には，「商品の名称及び分類についての統一システム（Harmonized Commodity Description and Coding System）に関する国際条約（HS 条約）」に基づいて定められたコード番号が付与され，品目別に貿易量や貿易額が記録される。HS 条約は，世界税関機構（WCO）という国際機関が管理しており，ほぼ5年ごとに改正される数字6桁の HS コードが定められている。日本を含む世界 200 以上の国と地域が HS コードを使用している。国際的に統一されているのは6桁までであり，6桁を超える細分類については，HS 条約に加盟する各国が独自に決定している。日本では，6桁コードの下に3桁の細分類コードが追加された9桁の分類コードが用いられている。本書の**第 8 講**，**第 9 講**で学ぶように，財を輸入する際に関税と呼ばれる税金が徴収されることが多いが，HS コードごとに規定される関税率に基づいて関税額が計算される。

こうして，財貿易については，詳細な品目別・相手国別に各国が通関時にデータを収集し，統計を作成している。各国が作成した貿易統計を収集し，国際連合統計局（United Nations Statistics Division）が世界各国の詳細な財の輸出入に関する統計を提供している。

一方，財貿易だけでなく，サービスや金融の国際取引なども含めて，国境を越えた経済取引を体系的に整理した統計が国際収支（Balance of Payment）統計である。国際収支統計は，一国が一定期間に行ったすべての対外的な経済取引，つまり，ある国が外国との間で行った，財（モノ），サービス，証券等の各種取引や，それにともなう資金の流れを把握するものである。国際

収支統計に記録されている項目のうち，財貿易にともなう資金の受取（輸出）・支払（輸入）に関する項目は，主に貿易統計の情報をもとに作成されている。各国は，国際通貨基金（IMF）のマニュアルに準拠した国際収支統計表を作成・提出しており，世界経済における各国の位置づけ，各国の対外経済関係の特徴を読み取るために有用である。

■ 国際収支統計の構造

　国際収支は，経常収支，資本移転等収支，金融収支の大きく3つの部分に分けられる（表1-4に2021年の日本の国際収支を示す）。

　経常収支の中の貿易・サービス収支という部分に，モノやサービスを外国

表1-4　日本の国際収支（2021年）

（単位：億円）

1.	経常収支 (a+b+c)	154,877
(a)	貿易・サービス収支	-25,615
	貿易収支 / 輸出	822,837
	貿易収支 / 輸入	806,136
	サービス / 受取	186,533
	サービス / 支払	228,849
(b)	第一次所得収支	204,781
	第一次所得 / 受取	313,018
	第一次所得 / 支払	108,237
(c)	第二次所得収支	-24,289
	第二次所得 / 受取	30,211
	第二次所得 / 支払	54,500
2.	資本移転等収支	-4,197
	資本移転等 / 受取	424
	資本移転等 / 支払	4,620
3.	金融収支	107,527
	直接投資 / ネット	134,043
	証券投資 / ネット	-220,234
	金融派生商品 / ネット	24,141
	その他投資 / ネット	100,677
	外貨準備増減	68,899
	誤差脱漏	-43,153

（出所）　日本銀行

に売った（輸出）代金を外国から受領した金額や，それらを外国から買った（輸入）場合の外国への支払い金額が記録される。貿易収支は，一般に「形のある」目にみえるモノの輸出入を記録するが，サービス収支は，たとえば輸送サービスや旅行，モノの加工・組立などの委託手数料，アフターサービス，保険料・保険金の支払い・受取，外貨・証券の売買取引手数料，特許使用料・放映権料，通信・情報サービス料など，さまざまなサービスの売買にともなう金銭の受け払いが記録される。

経常収支には，労働や資本といった生産要素に対する報酬の対外取引が記録される第一次所得収支と，第二次所得収支という項目も含まれている。資本移転等収支には，政府による無償の資本財の援助（道路や港湾，その他固定資産）など，対価をともなわない資産の提供や債務免除等の収支状況が記録されるが，ここに計上される金額は他の収支項目に比べて非常に小さい。

金融収支は，株式など金融資産の売買に関する取引が記録される。経常収支や資本移転収支の項目では，外国からおカネを受け取る場合はプラス，海外におカネを支払う場合はマイナスで計上するが，金融収支では，海外資産の取得（対価の支払）の場合にプラス，国内資産の売却（対価の受取）の場合にマイナスで計上する。そのため，下の式のように，経常収支と資本移転等収支の合計から金融収支を引いたものに誤差を加えるとゼロになるように国際収支統計は作成されている。

経常収支＋資本移転等収支－金融収支＋誤差脱漏＝0

つまり，一国経済全体では，ある一定の期間に外国に支払ったおカネと外国から受け取ったおカネがバランスするようになっている。もし，外国にモノやサービスを多く輸出したりして経常収支が黒字であれば，輸出で稼いだおカネで外国企業の株式や債券を購入するなどして海外資産を増やすだろう。または，外国からの輸入が多くて経常収支が赤字であれば，国内の資産を売って外貨を獲得し，輸入した財・サービスの対価の支払いに充てることになる。では，経常収支の黒字は望ましく，赤字は望ましくないのかというと，そう単純にはいえない。貿易取引や資産の売買にともなって，自国通貨の為替レートが変動し，国際収支が調整されていくこともある。また，自国の資

産を外国に売却して経常収支赤字を埋め合わせたとしても，自国資産を取得した外国の投資家が自国に対して追加投資をし，結果的に自国の資産がより有効に活用され生産が増えるケースもある。黒字か赤字かよりも，おカネがスムーズに収益率の高いところへ移動することが世界全体の経済活動を活発にするといえる。経常収支赤字や資本の国際移動は「国際金融」分野における重要な問題の一つで，さまざまな議論がある。

■ 日本の経常収支

　日本の経常収支の推移をみてみよう（図1-6）。日本は，長い間，貿易収支が黒字基調（モノの輸出が輸入を上回る）であった一方，サービス収支は赤字が続いてきた。しかし，2011年の東日本大震災後に燃料輸入が急増したことや，海外生産の増加などにより，近年は貿易収支黒字が大きく縮小してきている。サービス収支は，訪日客の増加で旅行サービス収支が改善するなど，近年，赤字縮小の傾向であった。しかし，2020年は新型コロナウイル

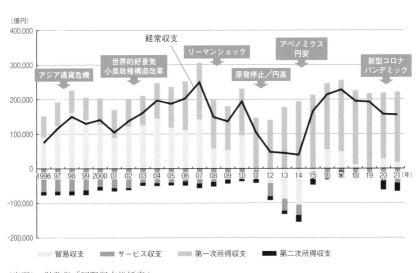

（出所）　財務省「国際収支総括表」

図1-6　**日本の経常収支（1996〜2021年）**

スの世界的大流行により訪日客が激減し，サービス収支の赤字が拡大した。

一方，国際貿易は，複数の国に生産や販売の拠点を持つ「多国籍企業」といわれる企業によって担われている部分も大きく，多国籍企業の活動は国際収支にもさまざまな影響を与える。国際収支統計の中で，多国籍企業に関連した重要な統計を提供する部分が，経常収支の中の第一次所得収支という部分と，金融収支の中の直接投資という部分である。第一次所得収支には，非居住者から受け取る給与などの雇用者報酬や海外の子会社等からの配当金や投資収益が記録される。図1-6からも読み取れるように，近年，日本企業の海外活動の拡大にともなって，海外子会社からの配当金や投資収益の受け取りが増え，日本の第一次所得収支の黒字が極めて大きくなっている。

1.5 まとめ

本講では，国際貿易に関連して学ぶテーマについて述べた上で，世界や日本における貿易自由化への歩みと貿易の拡大，貿易パターンの変化について概観した。こうした変化の背後にある理論や近年の貿易を取り巻く問題については，次講以降で詳しく学ぶ。本講では，貿易統計や国際収支統計についても説明したが，これらは毎月の新聞報道などでも触れるものだ。日本や世界の貿易に関するニュースにも注目しつつ，次講以降の学びを進めていただきたい。

■ Active Learning

《練習問題》

1. 1980年代～1990年代初めごろの期間と，2010年代の世界の貿易パターンを比較すると，どのような顕著な違いがあるだろうか。

2. 保護主義の台頭が第二次世界大戦を引き起こしたと考えられているが，欧米諸国が具体的にはどのような保護主義的な行動をとったのか調べてみよう。

3. 直近の新聞報道では，日本の貿易統計や経常収支に関してどのように報道され
   ていただろうか。

第2講
貿易と為替レート，貿易実務

■前講で国際貿易ついて概観したが，本講では，貿易が実際にどのように行われているのかについて解説する。2.1 節では貿易と為替相場について議論し，2.2 節で貿易実務について述べる。

2.1 貿易と為替レート

本節では，為替相場が輸出入額に与える影響など，貿易と為替相場について説明する。

■ 為替相場とは

まず，図 2-1 のように，輸出国である日本から輸出者である自動車会社が商品の自動車を輸入国であるアメリカに輸出する場合を考えよう。自動車を輸入するアメリカ国内の輸入者は代金の 100 万ドルを日本の輸出者に支払う。その際，ほとんどの場合，銀行経由で支払いがなされる。アメリカから代金を受け取った日本の自動車会社は，日本円で原料を購入し労働者への賃金を支払うわけなので，受け取った代金の 100 万ドルを日本円に変換する。その際には，1 ドル＝105 円などといったそのときの為替レートでドルから円に変換される。

一般的に，「貿易理論」は各国の技術水準やその他の属性，貿易制度・政策などが貿易のパターンや各国の経済厚生に与える影響を説明するものであり，各国が異なる通貨単位を採用している事実は考慮しないことが多い。しかし，現実の国際取引において外国企業に代金を支払う場合，たとえば，ア

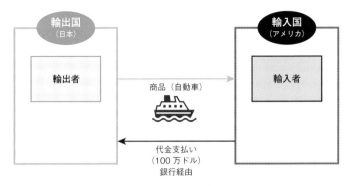

図 2-1　日本からアメリカへの輸出と支払いの例

　メリカの企業からモノを輸入したら，輸入した日本企業が自分の手持ちの円をドルに交換して，アメリカの輸出企業にドルで代金を払うかもしれない。または，輸入側の日本企業は円で代金を支払い，アメリカの輸出企業が受け取った円をドルに交換することもある。このように，国際貿易にともなって自国通貨と外国通貨の交換も行われることが多く，異なる通貨間の交換比率である為替相場（または為替レートともいう）の動きは国際貿易の動向に大きな影響を与える。為替相場についての詳細は，「国際金融」の分野で勉強するが，ここでは，ごく簡単に為替相場の変動が自国の輸出入に与える影響を説明しておこう。

　外国と貿易や投資などの取引を行う際に，直接現金を送付する代わりに手形や小切手を使って決済する仕組みを外国為替というが，異なる国の通貨を売買する市場を外国為替市場という。そして，上に述べたように，国際貿易にともなう代金支払いのために，各国企業は外国為替市場で通貨を売ったり買ったりするのである。現在，日本を含む世界の主要国は「変動相場制」と呼ばれる制度を採用しており，この制度のもとでは，外国為替市場における各通貨の需要と供給のバランスによって，交換比率（為替相場または為替レート）が決まる。

　毎日のニュースで，たとえば，「外国為替市場のレートは1ドル105円で

した」とか「1ドル110円でした」というのを聞いたことがあるのではないだろうか。また，たとえば「前日に比べて1円50銭の円高または円安だった」というようなニュースも耳にするだろう。ここで，「円高・ドル安」というのは，ドルの価値に比べて円の価値が高くなることをいい，「円安・ドル高」はドルの価値に比べて円の価値が安くなることをいう。外国為替市場で，円の需要が増えて，ドルの需要が減ると，より多くのドルを払ってでも円と交換したい人が増えることになり，「円高・ドル安」の方向に動く。逆に円の需要が減って，ドルの需要が増えると「円安・ドル高」の方向に動くのである。

■ 貿易取引の影響

　では，どういう場合に各通貨の需給が変化し，各通貨の価値が上下するのだろうか。国境を越えて，企業の株式や債券の売買といった金融取引が活発に行われており，こうした金融取引にともなって各国通貨が外国為替市場で売買され，それによって為替相場は変動する。金融取引の大きさが為替相場に与える影響が大きいのであるが，貿易取引（モノ・サービスの取引）も為替相場に影響を与える。

　たとえば，日本の自動車会社がアメリカの自動車ディーラーに自動車を輸出し，その代金をアメリカの自動車ディーラーが「円で」日本の自動車会社に支払うとする。アメリカの自動車ディーラーは，自分の持つドルを売って（ドルが外国為替市場へ供給される），円を買い（円の需要増），その円で支払いを行う。こうした取引は，相対的に円の需要を増やし，為替相場を円高・ドル安方向へ動かす要因となる。逆に日本の輸入が増えて，日本企業からアメリカ企業へのドルでの代金支払いが増えれば，円売り（供給）とドル買い（需要）が増えて円安・ドル高方向への圧力がかかる。

　一方，為替相場の変動は，輸出や輸入の量にも影響を与えると考えられる。たとえば，今，為替レートが1ドル＝100円だとしよう。国内価格1,000円のTシャツをアメリカに輸出した場合，アメリカでいくらになるだろうか。輸送費用を無視すれば，アメリカでの販売価格は10ドル（1,000円÷100円），つまり，ドル建て価格が10ドルとなる。しかし，何らかの理由で円がドル

に対して安くなり，1ドル＝120円となったら，ドル建て価格は8.3ドル（1,000円÷120円）となる。

　このとき，日本のTシャツメーカーはどう反応するだろうか。アメリカでの販売価格を10ドルから8.3ドルに値引きするかもしれない。この場合，Tシャツ1枚あたりの売上高は，ドル建てでは減るが，円建てでは変わらない。もし値引きによって販売数量が増えれば，円建ての総売上高は増えるだろう。または，アメリカでの販売価格を10ドルに据え置くかもしれない。この場合，Tシャツ1枚あたりの売上高は，ドル建てでは変わらないが，円建てでは1,000円から1,200円に増える。アメリカでの販売数量は変わらないが，円建ての総売上高は増える。

　逆に，1枚10ドルでTシャツをアメリカから輸入している日本企業の場合を考えよう。為替相場が1ドル＝100円なら，Tシャツの円建て価格は1,000円。1ドル＝120円なら，円建て価格は1,200円である。円建ての輸入価格が1,200円に上がれば，国内での販売価格を値上げするか，または自分の利潤を減らして1,000円で国内販売し続けるかしなければならない。

　このように，一般的には，自国通貨が安くなると，輸出企業に有利（売上高が増える），輸入企業に不利（仕入額が増える，または少ない量しか仕入れられない）と考えられる。逆に自国通貨が高くなると，輸出企業に不利（売上高が減る），輸入企業に有利（仕入額が減る，または多い量を仕入れられる）になる。表2-1に円高（自国通貨高）の場合の影響を整理したが，円安（自国通貨安）の場合はその逆の影響が予想される。

　ただし，現実にはそれほど単純ではない。実際には，輸出企業の多くは，同時に輸入も行っているので，自国通貨の変動によってプラスとマイナス両方の影響を受ける企業が多い。また，企業の市場支配力（各企業の交渉力や製品差別化の度合いによって，市場における価格決定力を持つ企業とそうでない企業がある）によって，為替レートの変化をどれだけ価格に転嫁できるか（為替のパス・スルーという）が企業によって異なる。

　為替相場の動きと輸出入の動きは単純な関係ではないものの，為替相場も貿易量を変動させる重要な要因の一つにはなっている。本書では，為替相場と貿易との関係については詳しく取り上げないため，「国際金融」分野の教

表 2-1　円高（自国通貨高）の場合の影響

企業への影響	・輸出企業の利益減少
	・輸入品と競合する製品を生産する企業の利益減少（輸入品が安くなるから）
	・輸入品を購入・販売する企業の利益が増加
	・海外生産のコストが低下（海外労働者の賃金や材料費等，円建てでみれば安くなる）
	・海外資産の円建て評価額が低下（海外企業の買収や，海外資産の購入が増える）
消費者への影響	・輸入品価格が低下する
	・海外での買い物や海外留学の費用が低下する
経済全体への影響	・短期的には，輸出企業等の業績が悪化すれば景気が悪くなる
	・長期的には，日本企業の国際競争力を高める可能性もある（原材料の調達費用が低下，海外生産の拡大による利益の増加）

科書・参考書などを読んで理解を深めてほしい。

2.2　貿 易 実 務

　前節では，貿易と為替レートについて述べた。本節では国内取引と比較して国際貿易の際に必要となる約定履行リスク，決済リスクの管理，および前節で述べた為替の変動に対するリスク管理について解説する。また，輸送や保険などの貿易実務についても説明する。

■ 約定履行リスクと決済リスク

　企業間取引においては主に 2 つのリスクを管理することが必須である。1つ目は，取引企業が約束通り売買を実行してくれるかどうかで，これを約定履行リスクと呼ぶ。たとえば，トヨタ自動車がブレーキ用部品の調達契約を自動車部品メーカーのデンソーと結んでいたとしよう。もし，デンソーが何らかの理由で同部品のトヨタへの納入を怠った場合，トヨタ自動車の製造ラ

インは止まってしまうことになり，大きな損害を被る。約定を履行してもらわなければ，事業を円滑に進めることは不可能になってしまう。この場合は，トヨタ側からみた場合の納入業者の約定履行リスクであるが，販売についても同様のリスクがともなう。トヨタが完成した自動車をある大手輸送業者に販売する契約をしていたとしよう。その輸送業者が何らかの理由で購入契約を履行しない場合も同じく約定履行リスクである。2つ目は，販売した先の企業からの販売代金回収のリスクである。これは決済リスクと呼ばれる。企業間の取引のほとんどはいわゆる信用販売と呼ばれるもので，販売・納入した後に代金が支払われる。消費者への販売時にあるような先払いやキャッシュオンデリバリー（着払い）は極めて稀である。よって，代金回収のリスクを常にともなうことになる。

　一般的に，国内取引よりも国際取引の方が取引費用が高いと考えられる。国際貿易においては，異なる文化・言語・法体系の国に拠点を置く企業や個人との取引となるため，この2つのリスク管理がより難しくなる。なぜなら，契約違反や代金未払いが発生した場合に，国内であれば相手先企業に接触することは比較的容易であり，裁判を起こすなど法的な手段に訴えることもできる。一方で，取引先が海外にある場合，訪問して交渉する費用は多大である。また，契約上の義務に関する国際的法制度が整備されておらず，また国内法が必ずしも適用されないため，法的な手続きも困難である。さらに，前節でも述べたとおり通貨が異なることによる為替の変動リスクもともなう。このため，国際貿易においては，企業はより大きなリスクに直面することになる。これらの各種リスクを低減するべく，さまざまな仕組みが確立されている。以下ではそれらについて説明しよう。

■ 約定の過程

　企業どうしが取引を行うまでに至る過程はさまざまである。すでに取引をしている同業者からの紹介や，いわゆる「飛び込み」営業によるもの，地方自治体などが主催するフェアなどを通じた企業マッチングなど，いろいろなきっかけで取引が始まる。国内企業どうしの取引と比較して，国際取引の場合には，貿易会社など仲介企業を通じた取引も多い。特に総合商社など大手

貿易会社は世界各地に支店を有しており，現地の商慣習や法制度，企業情報に精通した海外支店が取引を仲介していることが多い。直接取引にしても，また商社などを介した取引にしても，一般に，購入を希望する企業は，相手先企業よりサンプルを入手し，当該製品が自社の求めている性能や仕様と合致しているかを確認し，購入数量や購入単位価格，納期，決済条件など契約の基本条件を交渉する。

■ 貿易取引条件

　国際運送や保険の付与を含むか否かが，主要な取引条件の一つである。国際商業会議所が貿易取引における取引条件を定めた国際的な規則であるインコタームズ（Incoterms）では，本船渡（FOB：Free On Board），運賃込（C&F：Cost and Freight）[1]，運賃保険料込（CIF：Cost, Insurance, and Freight）の3つの貿易条件を定めている[2]。FOB は積出港の船の舷側までの費用を販売(輸出)者側が負担し，それ以降の海上輸送費用や海上輸送途上に当該商品に損害が生じた場合の保険費用など国際運送にかかる費用を購入（輸入）者側が負担するものである。C&F は，国際輸送の手配および費用負担までを販売（輸出）者側が負担する契約であり，CIF は国際輸送費用に加えてさらに国際輸送にかかる保険の付与，および保険料の支払いまで販売（輸出）者側が行う契約である[3]。

　当該商品のこれらの基本的な条件および紛争時の適用法（日本法，アメリカ法など）など，その他のより詳細な条件を網羅した契約書を販売，購入両企業間で締結する。一般的には，企業の法務部にあたる部署が法的な観点から不備がないかを確認し，企業の経営陣など当該契約の決定権を有する役職の決済が下りて，両社の社印を押印した法的な効力を持つ契約書を作成する。

1　Cost & Freight の略として CFR や CNF と表記されることもある。
2　なお，コンテナ輸送の場合は，FOB，C&F，CIF に代わって，運送人渡（FCA：Free Carrier），輸送費込（CPT：Carriage Paid To），輸送費保険料込（CIP：Carriage and Insurance Paid To）が推奨されているが，国際貿易実務の概要を知る目的のためには，上記本文の知識で十分である。
3　なお，**第1講**でも利用している貿易統計においては，通常，輸出は FOB での金額，輸入は CIF での金額で記録されている。
　https://www.customs.go.jp/toukei/sankou/howto/faq.htm#43

■ 通関，輸送，決済条件

図2-2を使って，実際の貿易取引の流れを説明しよう。海外への販売（輸出）を約束したA国の企業（輸出者a）は，まず図2-2の「①商品の提供」にあたる業務を行う。当該商品の輸送業務を輸送業者および通関業者に委託する。輸送・通関業者は，当該商品を港湾や空港に搬送する。当該製品が，コンテナ船やタンカー船などに積み込まれた際（厳密には船の舷側を超えた際）に，海上輸送会社は船荷証券（B/L：Bill of Lading）を発行する（図2-2の「②B/Lの交付」）[4]。船荷証券とは，図2-3のような書類で，荷送人（SHIP FROM）や荷受人（SHIP TO），船や港，商品の情報などが記載されている。インコタームズにおいては，船の舷側を超えた際に，当該製品の所有権は販売（輸出）者側から購入（輸入）者側に移行する，と定められている。

海上輸送会社から船荷証券（B/L）を受け取った販売（輸出）者は，決済条件に応じて同B/Lを購入（輸入）者側や銀行に引き渡し，商品代金の支払いを受ける手続きをする。その際の決済条件が手形決済の場合には，輸出者は荷為替手形の発効手続きを行い（図2-2の③），荷為替手形の取引依頼をB/Lの提出とともに取引銀行に行う（図2-2の④）。これを受けて，輸出者

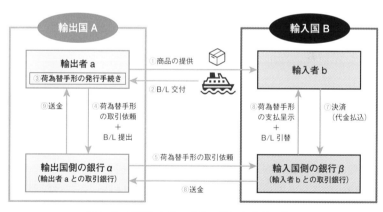

図2-2　**貿易における商品の流れと決済の流れ**

4　ここでは，海上輸送について記述しているが，手続きは海上輸送でも航空便輸送でもほぼ同様である。

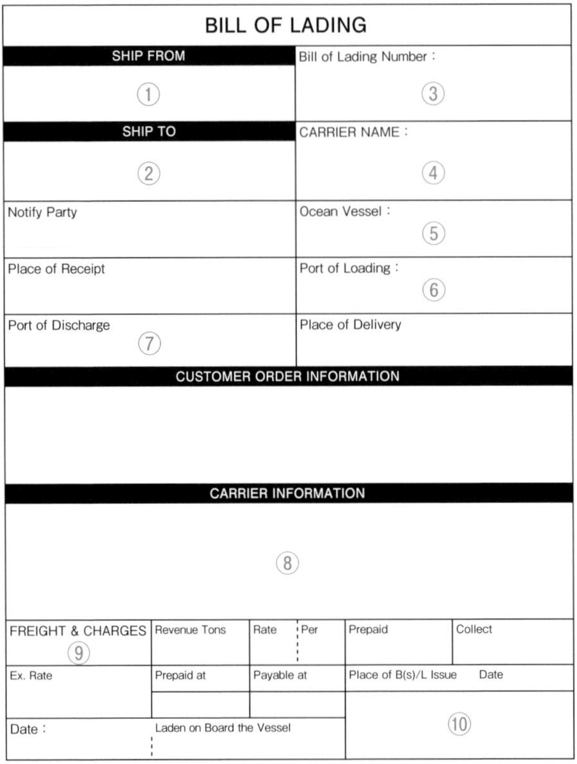

BILL OF LADING					
SHIP FROM		Bill of Lading Number：			
①		③			
SHIP TO		CARRIER NAME：			
②		④			
Notify Party		Ocean Vessel： ⑤			
Place of Receipt		Port of Loading： ⑥			
Port of Discharge ⑦		Place of Delivery			
CUSTOMER ORDER INFORMATION					
CARRIER INFORMATION					
⑧					
FREIGHT & CHARGES ⑨	Revenue Tons	Rate	Per	Prepaid	Collect
Ex. Rate	Prepaid at	Payable at	Place of B(s)/L Issue　Date		
Date：	Laden on Board the Vessel	⑩			

①荷送人

②荷受人

③船荷証券番号

④船会社名

⑤船積船名

⑥船積港

⑦荷揚港

⑧商品の情報

⑨運送料

⑩運送人船会社署名欄

図 2-3　船荷証券の例

の取引銀行αは輸入者の取引銀行βに対し，荷為替手形の取引依頼を行う（図 2-2 の⑤）。同輸入国側の銀行は，輸入者に対し荷為替手形の支払い呈示と引き換えに B/L を輸入者側に渡す（図 2-2 の⑥）。

　輸入者は決済期日に同取引銀行に対し代金の支払いを行い（図 2-2 の⑦），輸入国側銀行は当該取引額を輸出者側の銀行に送金し（図 2-2 の⑧），輸出者側の銀行は輸出者に当該金額を送金する（図 2-2 の⑨）。決済条件が電信送金（T/T：Telegraphic Transfer）の場合には，手形為替の発行をともなわずに，銀行βに輸入者が持つ口座から銀行αに輸出者が持つ口座へ代金が送金されることで決済がなされる。

■ 決 済 条 件

　図2-2では，決済条件が手形決済の場合の例を説明したが，貿易契約条件において，決済条件は最も重要な項目である。決済条件には，電信送金（T/T）前払い，T/T後払い，荷為替手形支払書類渡し（D/P：Documents against Payment），荷為替手形引受書類渡し（D/A：Documents against Acceptance），信用状付荷為替手形取引（L/C：Letters of Credit）がある。T/Tは輸入者の銀行口座から輸出者の銀行口座に支払い送金がなされる。D/Pでは，輸入者が取引銀行で船荷証券を含む船積書類を受け取る際に，荷為替手形の決済と引き換えに船積書類が引き渡される（図2-2の⑦の時点）。D/Aでは，輸入者が取引銀行に対し荷為替手形の支払いを引き受けることを条件に，銀行から輸入者へと船積書類が引き渡され，商品を受け取ることができる。L/Cでは，輸入者の取引先銀行が輸出者に代金の支払いを確約する保証状を発行し，輸出者は，荷為替手形を銀行に持ち込むことによって代金を回収する。

　輸出者側にとっての代金回収リスクは高い順に，T/T後払い，D/P，D/A，L/C，T/T先払い，である。T/Tは最も事務手続きが簡素な決済方法であり，かつ後払いは商品を受け取ってから支払うことができるため輸入者側に有利で，一般的に輸入者側は決済条件としてT/T後払いを要求する。輸入者側が財務体質の強い業績の安定した企業であり，かつ取引関係が長い場合には，T/T後払いを決済条件として輸出者側が受け入れることが多いが，輸入者側が発展途上国の企業であったり，取引を始めたばかりである場合には，輸出側がL/C決済を要求するのが一般的である。取引関係が長く続いた結果，信頼関係が強くなり，L/CからD/PやD/A，さらにはT/T後払いに移行することも多い。なお，L/CからD/PやD/Aに変更する際に，貿易保険を利用することも可能である。貿易保険とは，輸入者側の倒産など何らかの理由により代金回収ができなかった際に，代金の一定割合に対し，保険金が支払われるものである[5]。

5　たとえばAmiti and Weinstein（2011，QJE）は，貿易保険の提供が輸出増加に重要な役割を果たすことを示している。

■ 為替予約

異なる通貨を用いる国境を越えた取引においては，為替レートが変動することによって，売買契約時に設定した代金の自国通貨建て金額が，代金受取時には減ってしまうというリスクもある。このような為替変動リスクを軽減するため，為替予約が行われる。国際貿易においては，売買価格が米ドル建てで取り決められることが多い。日本の企業がアメリカの企業と輸出入契約を結ぶときは，多くの場合，米ドル建てで契約がなされる。また，日本企業がサウジアラビアから原油を輸入する際などにも米ドルで契約がなされる。全世界の貿易の約40％が米ドル建てである。日本企業は予算決算を円で行っているため，米ドル建てで輸出契約をした場合には，米ドルで支払われた代金を円換算する必要がある。契約時には，円での商品原価に輸出のための諸費用や利益を加えてそれをドル換算して販売金額を決める。たとえば，契約時の為替が1ドル100円だったので1,000万円の販売金額のドル建てとして10万ドルで売買契約を結んだとしよう。しかしながら，契約時における円ドル為替レートは支払いを受ける時点では大きく変動している可能性がある。もし，円高ドル安が進み1ドル90円になっていたら，10万ドルは円建てで900万円にしかならない。当初の予定に対し，100万円の損失が発生することになる。そこで，多くの輸出者は取引銀行と為替予約契約を締結することが多い。一定の手数料を払うことによって，代金回収の際の換算為替レートを100円に固定する契約を銀行と結ぶことによって，利益額を確定するのである。

2.3 まとめ---

本講では，貿易にともなう異なる通貨間の売買の際の外国為替レート，貿易が実際に行われる際の実務，約定および決済リスク，貿易取引条件，決済条件，輸送，保険などについて概要を説明した。このように貿易はさまざまな手続きとリスク管理のもとに実施されている。

《練習問題》・・

1. 為替レートが1ドル＝100円のとき，国内価格1,000円のTシャツをアメリカに輸出した場合，アメリカでのドル建て価格を計算しなさい（輸送費用を無視する）。また，1ドル＝120円に為替レートが変化したときのドル建て価格を計算しなさい。

2. 円高（自国通貨高）のとき，①企業，②消費者，③経済全体に及ぼす影響を簡潔に説明しなさい。

3. 企業間取引における約定履行リスクと決済リスクについて簡潔に説明しなさい。

参 考 文 献

● Amiti, M., and D. E. Weinstein（2011）"Exports and Financial Shocks," *Quarterly Journal of Economics* 126(4): 1841-1877.

第3講
経済学の基礎理論

■国際貿易理論を学ぶために必要となる，基礎的な経済理論を解説する。まず，経済学的な考え方や分析ツールがどのようなものかを理解しよう。

3.1　経済学とは何を扱う学問なのか？----------

　本書は，読者に国際貿易についての経済学的な分析を習得するための基礎知識や基礎概念を習得してもらうことを目的としている。したがって，本書を読み進める前に，経済学的な考え方や分析ツールがどのようなものなのか，少しイメージをつかんでおいてもらう必要がある。基礎的なミクロ経済理論は，図を用いて説明されることが多いが，国際貿易理論もミクロ経済学の基礎理論を応用して説明される。そこで，本講では，特にミクロ経済学をほとんど学んだことのない読者のために，基礎的な経済理論を解説する。すでにマクロ経済学・ミクロ経済学を学修済みの読者は，本講を読み飛ばして次講に進んでいただいても構わない。

　まず，経済学とはさまざまな経済活動の仕組みを研究する学問であるが，その目的を一言で表現しようとすると，「限られた資源を，だれが，どのように利用して，何を生産し消費すれば，社会全体の満足度を最大化できるか」を考える学問である。おカネやヒトや土地，天然資源など，資源が限りなく存在するならば，人々は何も考えず好きなものを好きなだけ生産して消費すればよい。しかし，限られた資源のもとでは，何をどれだけ（資源配分の問題），どのような方法で生産し（技術選択の問題），だれがどれだけの満足を得るか（分配の問題）を考えなければならない。これらの問題を解決し，

社会全体にとって最も望ましい状態を実現するような経済活動の仕組みを追求するのである。

　「満足度」や「社会全体にとって最も望ましい状態」とは何か，これもいろいろな考え方があり，難しい問題である。最も単純で明確な基準は，たくさんの量を生産して消費できる状態や，満足度をおカネに換算してより多くの利潤や所得を得られる状態を，満足度が高いと考えることであろう。もちろん，モノやおカネをたくさん持っていることが必ずしも幸福であるとはいえない局面も多く，他者の幸福を自分の幸福と感じたり，倫理に則った行動をすることで満足度が高まったりする人も多くいる。近年の経済学はこれらの要素についても分析の対象にしているが，国際経済学理論に利用される基礎的なミクロ経済学においては，モノやおカネの寡多を満足度と考える。

　経済には，主に，生産者（企業），消費者（家計），そして政府といった経済主体がいる。社会全体の満足度を高めるとは，生産者と消費者の満足度を高めることであり，その目的の達成のため必要な役割を担うのが政府である。経済学では，生産者の満足度は「利潤」という言葉で表現し，消費者の満足度は「効用」という言葉で表現する。次節以降で，消費者の効用最大化と生産者の利潤最大化の問題を経済理論でどのように捉えるのかを説明する。

3.2　1つの財の市場における消費者と生産者…：需要曲線と供給曲線

　経済学で最初に考えることの一つが，ある財の市場においてどれだけの需要と供給があり，価格がいくらに決まるかという市場機能についてである。つまり，ある財の需要曲線と供給曲線を考え，需要と供給が過不足なく均衡するところで価格が決まるということである。

■ 消費者の行動

　需要曲線は，各消費者の消費量と満足度（効用）との関係から導かれる。一般的な消費者にとっては，ある1つの財を多く消費するほど効用が高くなるであろう。たとえば，ミカンを1つ食べる場合と3つ食べる場合，普通は

3つ食べる方が効用が高いと考える。ただし，1個目のミカンを食べたとき
に得た効用に比べて，2個目のミカンを食べたことによる効用の増加分は小
さく，3個目のミカンを食べたことによる効用の増加分は2個目のときより
もさらに小さいと考えられる。

　このように，ある財の消費を1単位ずつ増やしていくと，効用水準（満足
の合計）はだんだん増えていくものの，効用の増加分（「限界効用」という）
はだんだん小さくなっていくと考えられる（これを「限界効用逓減」という）。
ただし，その財を消費することによって得られる効用の増加分は，各消費者
によって異なる（各消費者は異なる選好を持つ）。つまり，ミカンの消費に対
する限界効用が大きい消費者は，高い価格を払っても消費したいと考えるし，
限界効用が大きくない消費者は安い価格しか払いたくないと考える。また，
現時点ですでにたくさんのミカンを消費済みで，さらにもう1個消費する場
合と，まだミカンを全く消費しておらず，最初の1個を消費する場合では，
同じ個人でも異なる限界効用を得るだろう。市場には，さまざまな限界効用
を持つ多数の消費者がおり，高い価格を払ってでも買いたい人もいるが，一
般に，価格が低くなれば買いたい人は多くなっていく。そこで，市場での価
格が高ければ需要が少なく，価格が低くなるにつれて需要が増えるという，
価格と需要量が負の関係にある需要曲線が想定される。

■ 企業の行動

　一方，生産者である企業が直面する問題は，生産活動から得られる利潤を
最大化することである。利潤は「収入から費用を引いたもの」である。実際
はさまざまな名前のついた収入や費用があるのだが，ここでは簡単に，

利潤＝総収入－総費用

と考えよう。

　今，ある企業が1つの種類の財しか生産していないとする。この企業の総
収入は，この財の価格と販売量を掛けたものである。現実には，生産と販売
が同量ではなく在庫を持っていたりするが，ここでは単純化のため，在庫は
考えず，総収入＝価格×生産量とする。企業は，生産量を増やすことで総収

入も増えるが，同時に総費用も増えてしまう。企業が，生産量を少し増やしたときの利潤の変化は，

利潤の変化＝収入の変化－費用の変化

となる。経済学では「限界収入（＝生産量を1単位増やしたときの収入の変化）」，「限界費用（＝生産量を1単位増やしたときの費用の変化）」という言葉があり，それらを用いて言い換えると，

利潤の変化＝限界収入－限界費用

となる。限界収入は，生産量を1単位増やしたときの収入の変化と書いたが，これはつまりこの財1単位の価格と同じであるので，以下のように書き換えることができる。

利潤の変化＝価格－限界費用

　企業は，利潤が最大になる量を生産すると想定しよう。もし，「価格＞限界費用」ならば，利潤が増加するので，企業は今より生産量を増やそうとするし，「価格＜限界費用」ならば，利潤が減少するので，むしろ生産量を減らした方がよいということになる。そして，「価格＝限界費用」のとき利潤の変化はなく，企業は生産量を変化させる必要はない。つまり，そのときの生産量が利潤を最大化している生産量だといえる。限界費用は，効率性の高い企業かどうかによっても異なるし，現時点で企業がどれだけの規模で生産しているかによっても異なる。たとえば，少量だけ生産していて機械や労働者が余裕を持って生産しているとき，生産を1単位増やすには，そのために必要な原材料の購入を増やすだけでよいかもしれない。しかし，すでに機械も労働者もフル稼働して大量生産しているときに，さらに生産を1単位増やそうとすると，新しい設備の導入や労働者を増やさなければならないかもしれない。

　一般的には，生産規模が小さいときは，原材料の投入を増やせば順調に生産量が増加していくが，だんだん生産規模が大きくなりフル稼働状態に近づいていくと，さらに原材料投入を増やしても，生産量の増加分は鈍化してい

くことが知られている。つまり，生産を 1 単位増やすためには労働をさらに
投入しなければならないなど，追加的な費用が多くかかるようになっていき，
生産量の増加にともなって限界費用は上昇していくと考えられる。異なる限
界費用を持つ多数の企業が，ある財を生産して市場に供給する場合，限界費
用が低く安い価格で供給できる企業もあれば，限界費用が高いため高い価格
でなければ供給できない企業もある。また，上に書いたように，「価格＞限
界費用」ならば，企業は今より生産量を増やそうとするので，価格が高いほ
ど市場への供給量は増えることになる。

このように，ある 1 つの財の市場において，価格と需要量が負の関係を示
す需要曲線と，価格と供給量が正の関係を示す供給曲線を導くことができる。

3.3　消費者余剰と生産者余剰--------------------

ある 1 つの財の需要曲線と供給曲線を用いて，他の条件が一定のもと，需
要と供給，価格の関係を分析するツールは，「部分均衡モデル」と呼ばれる。
図 3-1 のような需要と供給のグラフは，ミクロ経済学の基礎理論として学
んだことがあるという読者も多いだろう。図 3-1 は，ある 1 つの財の需要
と供給がバランスする状況での価格（均衡価格 P^*）とそのときの需要量と供
給量（Q^*）を表している。部分均衡モデルは，1 つの財の市場だけに注目す
ればよいので，分析がシンプルになるというメリットがある。現実には，1
つの財の市場の変化が他の財の市場に影響を及ぼすことはよくあるため，他
の財の市場についても考える必要があろう。しかし，分析の対象や目的に
よっては，少なくとも短期的にはある財の市場の変化が他の財の市場に影響
を及ぼさないと想定し，部分均衡モデルで分析することも多い。

ここでは，部分均衡モデルの分析に用いられる，需要曲線と供給曲線，そ
して消費者余剰と生産者余剰の概念について説明しよう。

■消費者余剰

需要曲線とは，**3.2 節**で説明したように，消費者の限界効用から，ある財

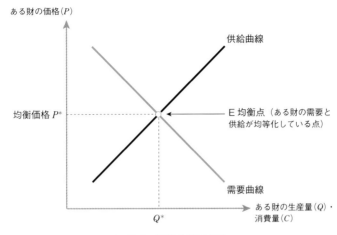

図 3-1　部分均衡モデル

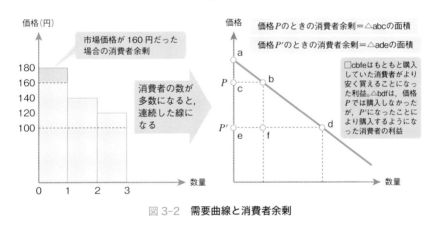

図 3-2　需要曲線と消費者余剰

の市場における需要量と価格との関係を導いたものである。たとえば，ある財を消費するために支払ってもよいと思う金額の高い順から消費者を並べた図 3-2 の左図をみてほしい。今，3 人の消費者がいて，各消費者はある財を 1 単位ずつ需要するとする。1 人目の消費者は，この財を消費するためには 180 円支払ってもよいと思っている。2 人目の消費者は 140 円ならこの財を買ってもよく，3 人目の消費者は 120 円なら買ってもよいと思っている。限

界効用が大きければ，その財を買ってもよいと考える上限価格（留保価格（支払い意思額））が高くなり，留保価格が高い順にグラフにしたものが図3-2の左図である。

　各消費者の棒グラフの高さは留保価格に等しく，幅はその留保価格のもとでの消費量（この図の場合は1）であり，各棒の面積が，消費者がこの財の消費によって得られる主観的な満足度（限界効用）である。1人目の消費者は，この財を1単位消費するために180円支払ってもよいと考えているということは，この消費者にとってこの消費によって得られる限界効用は180円の価値に等しいということとなる。もし，この財の市場均衡価格（市場において需要量と供給量が均等化し，供給不足（＝超過需要）も需要不足（＝超過供給）も発生していないときの価格）が160円だったとすると，1人目の消費者はこの財を購入するが，2人目，3人目の消費者はこの財を購入しない。この財を購入した1人目の消費者は，この消費による満足度を180円と評価しているが160円で購入できたということは，差し引き20円分の価値がこの消費者にとって「お得」だったことになる。この20円分を「消費者余剰」という。もし，市場価格がもっと低く100円だった場合，3人ともがこの財を購入し，各消費者の余剰は，80円，40円，20円となるため，合計で140円分の消費者余剰が発生することになる。

　市場に無数の消費者が存在し，各自がそれぞれの留保価格を持っているとすると，棒グラフはどんどん幅が狭くなり，なめらかな右下がりの線になる。図3-2の右図は，こうして連続した線で表された需要曲線である。左図と同様に考えて，市場価格がPのとき，消費者余剰は，abcで囲まれた三角形の面積となり，市場価格がP'であれば，消費者余剰はadeで囲まれた三角形の面積となる。つまり，消費者余剰は，需要曲線より下で価格より上の部分の面積で表され，消費者が支払ってもよいと思っている金額と，実際に支払った金額の差（消費者の利益）である。図3-2からも明らかなように，市場価格が低下すると消費者余剰は増加する。右図で市場価格がPからP'に低下すると，消費者余剰の増加分は，cbdeで囲まれた台形の面積と等しい。この台形の面積のうち，cbfeで囲まれた四角形の部分は，価格Pのもとでもこの財を購入していたであろう消費者が，より安く購入できるようになっ

たために増加した利益と解釈できる。そして，bdfで囲まれた三角形の部分は，価格Pのもとでは購入しなかったが，価格がP'に低下したので購入を決めた消費者が得た利益と解釈できる。

■ 生産者余剰

一方，供給曲線は，**3.2節**で説明したように，生産者の限界費用から，ある財の市場における生産量と価格の関係を導いたものである。言い換えると，ある財を生産する費用の安い順（限界費用が低い，つまり生産効率が高く，安く生産できる順）に生産者を並べたものである。

図3-3の左図で，今，3人の生産者がこの財を1単位ずつ生産し，市場へ供給するとしよう。1人目の生産者は，80円の費用でこの財を生産できるが，2人目の生産者は，120円の費用をかけないと生産できない。そして，3人目の生産者はこの財を1単位生産するには140円の費用がかかる。生産費用の低い順に生産者を並べてグラフにしたのが図3-3の左図である。もし，市場価格が100円であれば，1人目の生産者は100円より安く生産できるので，この財を生産して市場に供給する。しかし，2人目，3人目の生産者は生産費用が高いので生産せず，市場へも供給しない。1人目の生産者は，80円の費用で生産して100円で販売するので，20円の利潤を得ることができ，

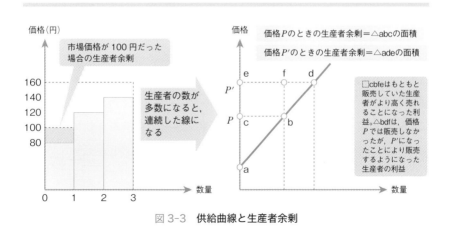

図3-3 供給曲線と生産者余剰

この20円分を「生産者余剰」という。もし、市場価格が160円であれば、3人すべての生産者が生産して市場に供給し、各生産者の余剰は80円、40円、20円で、合計の生産者余剰は140円となる。

図3-2と同様に、市場に無数の生産者がいるならば、図3-3の左図の棒グラフはなめらかな右上がりの線になり、図3-3の右図は、こうして連続した線で表された供給曲線である。左図と同様に考えて、市場価格がPのとき、生産者余剰は、abcで囲まれた三角形の面積となり、市場価格がP'であれば、生産者余剰はadeで囲まれた三角形の面積となる。つまり、生産者余剰は、価格より下で供給曲線より上の部分の面積で表され、生産者が販売してもよいと思っている金額（＝生産費用）と、実際に受け取った金額（市場価格）の差（生産者の利益）である。図3-3からも明らかなように、市場価格が上昇すると生産者余剰は増加する。右図で市場価格がPからP'に上昇すると、生産者余剰の増加分は、cbdeで囲まれた台形の面積と等しい。この台形の面積のうち、cbfeで囲まれた四角形の部分は、価格Pのもとでもこの財を販売していたであろう生産者が、より高い価格で販売できるようになったために増加した利益と解釈できる。そして、bdfで囲まれた三角形の部分は、価格Pのもとでは販売しなかったが、価格がP'に上昇したので販売を決めた生産者が得た利益と解釈できる。

■ 総余剰

ある財の市場において、需要と供給が均衡する場合の消費者余剰と生産者余剰は図3-4の左図で表すことができる。市場均衡価格がPで、このときOXで表される量だけこの財が市場に生産者から供給され、同量を消費者が需要する。そして、消費者余剰は△abcの面積と等しくなり、生産者余剰は△dbcの面積となる。さらに、消費者余剰と生産者余剰を合計したものをこの市場における「総余剰（経済厚生[1]）」という。この財の市場だけに着目す

1　経済厚生とは、人間の福祉の経済的側面を指し、一般に経済を構成するすべての主体の効用を合計したものと考える。ここでは、経済は消費者と生産者から構成されていると考え、消費者の効用（消費者余剰）は消費者がより多くを安く消費できると増加し、生産者の効用、つまり生産者余剰は、生産者がより安く多く生産、販売すると増加することが説明されている。経済の構成員の効用や利益が増えることを経済厚生の向上という。

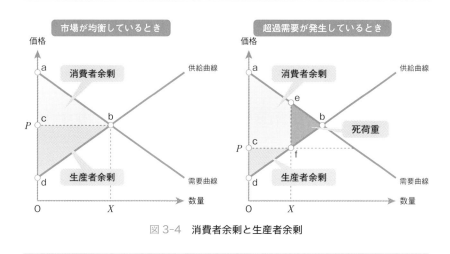

図 3-4　消費者余剰と生産者余剰

れば，総余剰が大きいほど望ましい状態であるといえ，市場で需要と供給が過不足なく均衡するように価格が決定されているとき，総余剰は最大になる。

　もし，図 3-4 の右図のように，価格が均衡価格より安く，超過需要が発生しているとき，その価格のもとでは生産者の供給が減り，生産者余剰は左図よりも小さくなる。消費者の方は，需要量は減るものの，価格が低いため消費者余剰（右図の□ aefc の面積）は，左図の△ abc の面積よりも大きくなるかもしれないし，小さくなるかもしれない。しかし，総余剰をみると，左図の△ abd の面積よりも，右図では△ ebf の面積の分だけ小さくなっている。この総余剰の減少分を，「死荷重（DWL：Dead Weight Loss）」という。図は省略するが，価格が均衡価格よりも高く，超過供給が発生している場合も同様に考えて，総余剰は市場均衡の場合よりも小さくなり，死荷重が発生する。

3.4　一般均衡モデルと部分均衡モデル----------

　これまでは，ある 1 つの財の市場のみに注目した部分均衡モデルの枠組みで，1 つの財の市場における総余剰（経済厚生）を説明した。しかし，現実

には，1つの財の市場の変化が他の財の市場に及ぼす影響を考える必要もあり，一国経済全体，または世界経済全体の厚生を分析するには，さまざまな国のさまざまな財の市場を考慮しなければならない。

　複数の財が存在する場合を考え，それぞれの財の需要と供給が「同時に」バランスするような資源配分状況を分析するものを「一般均衡モデル」と呼ぶ。国際貿易理論においても，分析目的に応じて，一般均衡モデルか部分均衡モデルか，分析ツールを選択するのである。たとえば，「貿易による経済全体の厚生向上」を考察することが分析の目的であるなら，複数の財を念頭においた一般均衡モデルを用いる必要がある。どの財をどれだけ輸出し，どの財をどれだけ輸入すると，経済厚生が最大になるかを考察するからだ。本書でこれから学ぶ，リカード・モデルやヘクシャー＝オリーン・モデルなどの貿易モデルでは，貿易前（の均衡）と貿易後（の均衡）において，2つの財の価格や生産・消費数量がどうなるかを分析する。そしてそのとき，生産要素が2つの財にどう配分されるかを議論する。さらに，ヘクシャー＝オリーン・モデルにおいては，所得が2つの生産要素間でどう分配されるかといった所得分配の問題も入ってくる。つまり，これらの基礎的な貿易モデルは，一般均衡モデルと呼ばれる分析ツールを使って分析される。

　一方，関税などの貿易政策について学ぶ場合には，「部分均衡モデル」が主な分析ツールとして用いられる。本書でも，ある1つの財に着目し，貿易政策によってその財の価格や生産量などが変化した場合，均衡価格や需要量，供給量はどのように変化するのかを，部分均衡モデルを使って説明する。

3.5　予算制約と消費者の効用最大化------------ : 複数（2つ）の財を考える

■ 予 算 制 約

　一般均衡モデルの基礎を理解するため，複数の財が存在するもとでの消費者の効用最大化問題を考えよう。部分均衡モデルでは，ある財をより多く消費できるほど消費者の効用は高まると想定したが，一般均衡モデルでは，より多くの量を消費するだけでなく，より多くの種類の財を消費できると消費

者の効用が高まると想定する。しかし，各消費者は，いくらでも好きなだけ購入できるわけではなく，予算の制約に直面している。そして，予算の制約のもとで，最も多くの効用を得られるように，自分がどの財をどれだけの量ずつ消費するかを決定するのだ。

　もし，世界にモノが1種類しかないとすれば，各消費者は，自分の持っているおカネ（予算）で購入できる最大量を購入するだけなので，話は簡単だ。しかし，現実には多くの種類のモノ（財）やサービスが存在していて，各消費者は何をどれだけ購入するかを考えなければならない。分析をなるべく単純化するために，世界には2つの種類の財（以下の例では，自動車とシャツ）が存在しているとしよう。各消費者の予算制約は，各自の所得額であり，単純化のために貯金することは考えず，自分の所得を余すところなく使うとする。

　所得をすべて使って，最大限購入可能な自動車とシャツの購入量の組み合わせは，以下の式を満たす。

$$（自動車の価格）\times（自動車の購入量）$$
$$+（シャツの価格）\times（シャツの購入量）=所得$$

この式を変形して表現してみると，

$$シャツの購入量=\left(-\frac{自動車の価格}{シャツの価格}\right)\times（自動車の購入量）+\frac{所得}{シャツの価格}$$

となる。皆さんがみたことがあるはずの，$y=ax+b$ という一次関数の形になっている。この式は，シャツの購入量を縦軸に，自動車の購入量を横軸にとると，シャツの価格に対する自動車の相対価格を傾きとする直線を表している（図3-5）。そして，図3-5の切片は，所得のすべてをシャツの購入に使った場合に購入できるシャツの量，つまり（所得 / シャツの価格）となっている。

　この直線は，「所得をすべて使って，最大限購入（消費）可能な自動車とシャツの購入量の組み合わせ」であるという意味で，予算制約線または消費可能性フロンティアと呼ぶ。この線より内側にある部分のどの点の組み合わせも，予算内で購入（消費）可能である。消費者はなるべく多くの量を消費

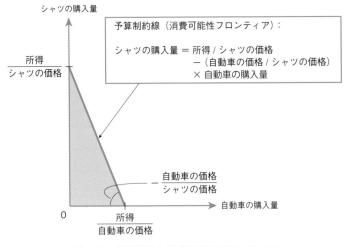

図 3-5 **予算制約と消費可能性フロンティア**

することで満足度が高まるため，消費可能な領域のうち，消費可能性フロンティア上のどこかの点における組み合わせで自動車とシャツを購入する方が，フロンティアの内側の領域の組み合わせよりも望ましい。

■ 無差別曲線

では，フロンティア上のどの点における組み合わせがよいのだろうか。それは，各消費者の好み，つまり「選好」によって決まる。この例においてはシャツと自動車のどちらをより多く消費したいのか，ということだ。そこで，各消費者の選好を数学的に表現した，「無差別曲線」という聞き慣れない専門用語が出てくる。自動車とシャツの組み合わせを，（自動車の消費量，シャツの消費量）と表現しよう。自動車を 2，シャツを 6 消費する場合と，自動車を 3，シャツを 4 消費する場合の満足度（効用）が同じだとしよう。つまり，（2, 6）という組み合わせと（3, 4）という組み合わせはどちらも好ましさが同じで，どちらも「無差別」だということだ。このように，同じ好ましさでどれを選んでもよいという組み合わせが複数あり，それらの組み合

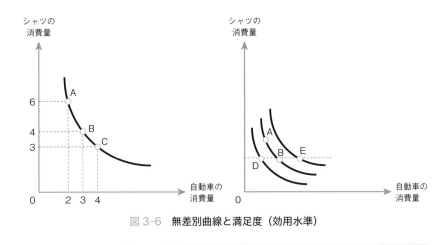

図 3-6　無差別曲線と満足度（効用水準）

わせを結んだ線を無差別曲線という。

　無差別曲線は，一般的に右下がりで弓型に曲がった弧のような形で表現される。その理由を数学的に説明するのは省略するが，図 3-6 の左図を使って，直感的に説明しよう。図 3-6 左図の点 A は（2, 6）という組み合わせ，点 B は（3, 4）という組み合わせとしよう。この消費者にとって，どちらの組み合わせも同じ満足度なので，両点は同じ無差別曲線上の点になっている。もし，自動車の消費を 2 から 3 へと 1 単位増やし，シャツの消費量が変わらなければ，この消費者の効用は増加する。（2, 6）という組み合わせと同じ効用水準を保つには，自動車の消費量を増やす一方で，シャツの消費量は減らさなければならない。つまり，同じ効用水準を実現する消費の組み合わせの点を結んでいくと右下がりになるはずである。

　では，なぜ右下がりの「直線」ではなく「曲線」になるのだろうか。上で触れた「限界効用逓減」という概念を思い出そう。図 3-6 の点 A においてすでに自動車を 2 単位消費している消費者が，そこからさらに 1 単位増やして 3 単位の自動車を消費する場合に，この自動車の追加的な消費から得られる効用（限界効用）と，点 B で 3 単位の自動車を消費しているところからさらに 1 単位自動車の消費を増やす場合の限界効用を比べると，前者の方が大

きいはずだ。言い換えると，点Aから点Bに移る場合の方が，点Bから点Cに移る場合よりも，自動車消費増による限界効用が大きい。そのため，点A，B，Cが「無差別」になるには，点Aから点Bに移る場合の方が，点Bから点Cに移る場合よりも多くシャツの消費量を減らさなければならない。つまり，点A→B→Cと自動車の消費量が1単位ずつ増えているが，シャツの消費量の減少分は同じではなく，2単位減，1単位減と，減少幅が小さくなっている。そのため，無差別曲線は，一般的に，直線ではなく，図3-6のような形をした曲線だと想定されるのだ。

図3-6の右図で，点Bと点D，点Eはシャツの消費量は同じであるが，自動車の消費量が異なる。シャツの消費量が同じであれば，自動車の消費量が多くなるほど，効用水準は高くなるから，点B，D，Eのうち，最も効用が高いのは点Eだとわかるだろう。そして，点Eを通る無差別曲線が一番外側に，点Dを通る無差別曲線が一番内側（原点に近い側）に位置していることもわかる。このように，消費の組み合わせは無数にあり，無差別曲線も無数にあるが，通常は，右上にある無差別曲線ほど効用（満足度）が高いのだ。

■ 最適な消費点

ここで，消費者の効用最大化に話を戻そう。消費者は予算制約のもとで，最も高い効用水準を実現する消費の組み合わせを選ぶので，図3-5と図3-6右図を合わせたような図を描いてみる（図3-7）。消費者は，所得をすべて使って，最大限購入可能な自動車とシャツの購入量の組み合わせのうち，効用を最大化する組み合わせを選択するのである。

図3-7で，点Fの組み合わせは購入可能だが，所得をすべて使い切っておらず，もっと購入量を増やして効用水準を高めることができる。点Eと点Gは所得をすべて使い切って購入可能な組み合わせだが，点Eの方が効用水準の高い無差別曲線上にあるので，点Gよりも点Eが望ましい。点Hは，点Eを通る無差別曲線よりも高い効用水準を実現する無差別曲線上にあるが，予算制約を満たしておらず，点Hの組み合わせは購入できない。つまり，この消費者の予算制約のもとで効用最大化する消費の組み合わせは点Eとなり，これが最適な消費点である。最適な消費点では，無差別曲線

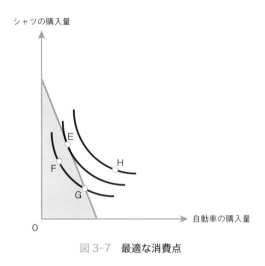

シャツの購入量

自動車の購入量

0

図 3-7　最適な消費点

と予算制約線が接している。

　上の図 3-5 をみるとわかるように，自動車やシャツの価格や所得が何ら
かの原因で変化すれば，予算制約線の傾きや切片が変わり，三角形の領域の
大きさや形状が変わってくる。すると，消費者が購入できる組み合わせも変
わり，最適な消費点も変わってくる。消費者の予算制約と効用水準は，所得
や価格などの経済的な変化が，どのように消費水準を変化させるかを分析す
る際の重要かつ基礎的な概念なので，理解しておいてほしい。

3.6　生産可能性と消費者の効用最大化----------

　前節では，予算制約に直面する消費者が効用最大化する消費の組み合わせ
を決定する状況を分析した。言い換えると，各財の生産量には何も制約がな
く，消費者が所得さえあれば，自分の好きなだけ消費できる状況だった。し
かし，現実には，生産量にも制約があり，各国は何でもいくらでも生産でき
るわけではない。

生産面の制約については，次講以降の貿易理論の中で詳しく説明するが，ここでは，生産者（企業）の活動について少し触れておこう。生産者（企業）は生産活動を行う経済主体だが，生産活動とは，「生産要素」という資源を使って何らかの価値を生産することである。生産要素とは，労働，資本，土地など，生産活動に必要な要素のことをいう。資本とはおカネのことであるが，より具体的にはおカネを払って購入した機械・設備などのことを指している。

　生産要素が国境を越えて移動することがなければ，各国の生産者は，自国に存在する労働者や資本，土地の量の制約に直面している。その制約のもとで，自国の生産要素を最大限利用して，さまざまな財を生産するのだ。国際貿易や生産要素の国際移動がなければ，自国内で生産可能な量の範囲内で，消費者の効用水準を最大化するような消費の組み合わせを考える。前節の予算制約線や消費可能性フロンティア，消費可能な組み合わせ（領域）と同様に考えて，各国の生産要素の制約のもとでの生産可能な生産量の組み合わせ（領域）や生産可能性フロンティアを分析に取り入れていくことになる。生産可能性フロンティアについては次講以降で詳しく説明する。

3.7　まとめ

　本講では，これから国際貿易理論を学ぶにあたり必要な経済学の基礎理論を解説し，部分均衡モデルと一般均衡モデルという経済学における重要な分析ツールの違いについても説明した。部分均衡モデルの分析について説明した図3-1〜図3-4では，グラフの縦軸と横軸がある1つの財の価格と数量を表していた。一方，一般均衡モデルの分析を説明した図3-5〜図3-7のグラフの縦軸と横軸は2つの異なる財の数量を表している。このように，部分均衡は，ある1つの財の市場に着目して分析するもの，一般均衡は複数の市場が同時にバランスするような状況を分析するもの，と理解しよう。

　消費者や生産者の問題や市場の均衡などの問題を図示することに慣れていない読者にとっては難しく感じる部分もあるかもしれない。しかし，国際貿

易理論を理解する上で重要な考え方や概念であるので，必要に応じて入門レベルないし初級レベルのミクロ経済学の教科書などを参照しながら学修してほしい。

コラム 3.1　企業の費用と規模の経済

　3.2 節で，生産者（企業）の限界費用（＝生産を 1 単位増やしたときの費用増分）について説明した。そこでは，現時点で，企業がどれだけの規模で生産しているかによって，限界費用は異なり，企業の費用構造は単純ではないことにも触れた。実際，経済学で考える費用にはさまざまな種類のものがあるので，少し詳しく説明しよう。

　ある財を生産するためにかかる総費用（Total Cost なので TC とする）には，大きく分けて 2 つのタイプの費用がある。つまり，生産数量にかかわらず一定額かかる固定費用（Fixed Cost なので FC とする）と，生産数量に応じてかかる変動費用（可変費用ともいい，Variable Cost なので VC とする）とがある。固定費用には，たとえば，工場の建設や機械設備の費用や，その財を開発する費用などが含まれる。変動費用には，原材料費のように，生産数量に応じてかかる費用が含まれる。生産数量に応じて労働者を増やしたり減らしたりするのであれば，労働費用も変動費用に含まれると考えられる。

　今，単純化のため，限界費用が一定で c としよう（上にも述べたように，現実には限界費用は一定でないことが多い）。すると，変動費用 VC は，生産数量 Q（Quantity）と一定の限界費用 c を掛けたものになる。記号を使って，総費用を表現すると，

$$TC = FC + VC = FC + cQ$$

となる。さらに，生産量 1 単位あたりの費用（＝平均費用）も重要な費用概念であり，平均費用（Average Cost なので AC とする）を記号を使って表すと，

$$AC = TC \div Q = (FC + cQ) \div Q = \frac{FC}{Q} + c$$

となる。固定費用（FC）がある場合，生産数量（Q）の増加につれて，FC/Q は小さくなっていく。限界費用 c が一定ならば，Q の増加につれて平均費用は低下していき，だんだん c に近づいていく（図 3-8 の限界費用一定の場合の平均費用曲線）。つまり，生産規模が大きくなるにしたがって 1 単位あたりの費用が低下する（規模の経済性）という現象がみられる。規模の経済性が企業にとってどれだけ重要かは，固定費用の大きさによって決まる。一方，ある規模を超えてさらに生産量を増やさなければならない場合，**3.2 節**で述べたよう

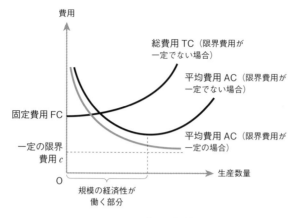

図3-8　費用曲線

に，生産量の増加にともなって限界費用が増えていくかもしれない。その場合
は，ある財を生産する企業の総費用や平均費用と生産量との関係を図示すると
U字型のような形状になると考えられている（生産量の増加にともなって限界
費用は増加すると想定している）。平均費用曲線が右下がりになっている部分
が，規模の経済性によって，平均費用が低下していく部分である。固定費用が
大きい企業ほど，生産規模の拡大にともなって，1単位あたりの固定費用（上
の式のFC/Q）が低下していく部分，つまり規模の経済性が働く部分が大きい
と考えられる。

■ Active Learning

《練習問題》・・

1. 部分均衡モデルと一般均衡モデルの違いを簡潔に説明しなさい。

2. 限界効用，限界効用逓減，限界費用とはそれぞれ何か，簡潔に説明しなさい。

3. 部分均衡モデルにおいて，総余剰（経済厚生）が最大となるのはどのようなと
   きか？

4. 消費者が自分の所得をすべて使って，2つの財の購入を考える際，最適な消費
   点（最適な消費量の組み合わせを表す点）では，□□□□□□□と□□□□□□□と
   が接している。空欄に入る語を答えなさい。

5. 「生産要素」とはどのようなものを指すのだろうか。

第4講
リカード・モデル
：生産技術と比較優位

■本講では生産技術の違いが，国家間での機会費用の違いを生み，貿易利益に
つながる可能性を説明するリカードの貿易モデルを学ぶ。

4.1 相対価格と貿易パターン--------------------

本講で学ぶリカード・モデル（Ricardian Model）では，貿易パターンは財の
相対価格に依存する。そこで，まず相対価格について説明しよう[1]。

相対価格とは，ある財の価格と，別の財の価格との比率である。私たちは
日常生活の中で名目価格にはいつも触れていて馴染みがあるが，相対価格に
ついてはあまり意識していないだろう。しかし，経済学，特にミクロ経済学
では，この相対価格が重要だ。今，2つの財を自動車とシャツとすると，
シャツに対する自動車の相対価格は

$$自動車の相対価格 = \frac{自動車の価格}{シャツの価格}$$

と表すことができる。また逆に自動車に対するシャツの相対価格は

$$シャツの相対価格 = \frac{シャツの価格}{自動車の価格}$$

である。

たとえば日本の市場で，自動車1単位の価格が4，シャツ1単位の価格が
2であるなら，自動車の相対価格は2となり，自動車1単位を売りに出すと，

1　経済学における商品は，目にみえる商品である財と目にみえない商品であるサービスに区分
される。サービスも貿易されるが，ここでは財をイメージして話を進める。

シャツ2単位を買うことができる。このとき逆に，シャツの相対価格は$\frac{1}{2}$であり，シャツ1単位を売りに出すと，自動車$\frac{1}{2}$単位を買うことができるということになる[2]。

次に，相対価格が異なる2つの市場が存在し，それらの市場の間で財の取引が可能になるとしよう。そうなれば，必ず2つの市場の間で取引が行われることを確認しよう。たとえば，日本の市場において，シャツに対する自動車の相対価格が先ほどの例と同じ2，一方，中国の市場においてはシャツに対する自動車の相対価格が8であるとしよう。このとき日本で自動車を1単位持っている消費者は，一時的に消費を我慢し，それを中国でシャツに交換すると（中国における自動車の相対価格が8なので）シャツを8単位手に入れることができる。この消費者はさらにもう少しの期間消費を我慢し，中国で手に入れた8単位のシャツを日本に持ち帰ると，（日本における自動車の相対価格が2なので）それらを4単位の自動車と交換することが可能である。交換により自動車の量を4倍にできるという利益があるので，このような交換を行う誘因（インセンティブ）が存在する。

ここで財の流れを確認すると，自動車はその相対価格が2である日本から8である中国へ，逆にシャツはその相対価格が$\frac{1}{8}$である中国から$\frac{1}{2}$である日本へ流れていくことがわかる。このように，ある財の相対価格が2国の市場で異なるとき，その相対価格の低い方の国から高い方の国へと財が輸出される（相対価格の高い方の国が低い方の国から輸入する）という，相対価格と貿易パターンの関係が理解できた[3]。

【まとめ】 相対価格と貿易パターン

　財1の価格をP_1，財2の価格をP_2とする。財1の自国における相対

2　自動車の相対価格2は，自動車1単位がシャツ2単位で買えることを意味するので，そんな状況はありえないと思うかもしれない。しかし，たとえば自動車の1単位が1台なのに対して，シャツ1単位が1,000枚であれば，このような相対価格も非現実的ではない。経済学では「単位」とは便利な言葉である。

3　なお，輸送している間に商品が極端に劣化してしまったり，溶けてなくなってしまったりする場合は，交換まで消費を待てないので，国（市場）を越える取引は発生しない。本講では，輸送費などの貿易費用がないと仮定して議論する。

価格を $\left(\dfrac{P_1}{P_2}\right)$，同財の外国における相対価格を $\left(\dfrac{P_1}{P_2}\right)^*$ として，$\left(\dfrac{P_1}{P_2}\right) < \left(\dfrac{P_1}{P_2}\right)^*$ であるならば，財 1 は自国から外国へ輸出，財 2 は外国から自国へ輸出される。

貿易前と貿易後の相対価格-----------------

　2 つの国の間で貿易が不可能であれば，それぞれの国では異なる価格体系，つまり相対価格が維持できる。しかし，貿易が行われると，それぞれの国における相対価格は変化し，自由に貿易ができる自由貿易（Free Trade）の場合は最終的にはどちらの国も同じ相対価格に直面することになる。この価格を国際相対価格と呼ぶ。

　先ほどの例であれば，貿易が行われると日本から中国へ自動車が輸出されるため，自動車が出ていく日本ではその価格が上昇し，自動車が入ってくる中国ではその価格は低下する。逆にシャツは中国から日本へ輸出されるので，日本ではシャツの価格が低下し，中国ではシャツの価格は上昇する。したがって，自動車の相対価格は，自動車の輸出国となった日本では上昇し，自動車の輸入国となった中国では低下することになる。2 つの市場の間で相対価格に差がある限り，さらに貿易を増やすことによって利益を得られるため，両国の市場における相対価格が同じになるまで貿易が増えていく。両国で同じになった価格が国際相対価格であり，国際相対価格は貿易前の両国の相対価格の間に決まる。

【まとめ】　貿易前の相対価格と貿易後の相対価格

　自由貿易が可能になると，両国は同じ相対価格に直面する。そのときの相対価格を $\left(\dfrac{P_1}{P_2}\right)^W$ とすると，貿易前の両国の相対価格（たとえば自国での貿易前の相対価格が $\left(\dfrac{P_1}{P_2}\right)$ で，外国での貿易前の相対価格が $\left(\dfrac{P_1}{P_2}\right)^*$ であったとする）と貿易後の相対価格の関係は次のようになる [4]。

4　どのようなときに等号が成立するかは，この教科書の扱う範囲水準を超えるので説明は省略

$$\left(\frac{P_1}{P_2}\right) \leq \left(\frac{P_1}{P_2}\right)^W \leq \left(\frac{P_1}{P_2}\right)^*$$

では，なぜ貿易前には，両国の相対価格は異なっていたのだろうか。それには大きく分けて需要側の要因と供給側の要因がある。需要側の要因とは簡単にいうと各国の消費者の嗜好（選好，好み）の違いである。

2つの国が保有する自動車とシャツの量が全く同じであるが，中国の消費者の方が日本の消費者よりも，自動車をより好んで（必要として）いて，日本の消費者はシャツをより好んで（必要として）いるとしよう。このような状況で，シャツとの交換によって自動車を得ようとすれば，日本における交換よりも，中国における交換の方が，より多くのシャツを1単位の自動車との交換に差し出さなければならないことは直感的に理解できるであろう。中国において1単位の自動車を得るためにより多くのシャツを必要とすることから，このとき

日本における自動車の相対価格＜中国における自動車の相対価格

となっているはずだ。

これ以降，本講と次講では供給側の要因の違いによって説明される貿易のモデルを学んでいく。そのために2国の消費者の選好に違いがないと仮定し，需要側の要因によって貿易が生じる可能性は排除して議論を進める。本講ではまず，供給側の要因として両国における生産技術の違いを考えるが，生産技術の違いによって貿易パターンを説明するのがリカード（David Ricardo）の貿易理論である[5]。

する。興味のある読者は，大川（2015）などを参照のこと。

5　リカード（1772年生れ）は証券ブローカー，公債引受人として働きながら，余暇を利用して研究をしていた。多くの富を築き，若くして仕事を引退したのちには，代議士となり，自ら自由貿易，穀物法の廃止を主張した。

4.3　生産技術と絶対優位--------------------------

　リカード・モデルでは，労働のみを用いて生産活動が行われると仮定し，生産技術は，1単位の生産にどれだけの労働量が必要かという，労働投入係数で表現される。なお，労働投入係数の逆数は，1単位の労働投入で生産できる財の量となるが，これは労働生産性と呼ばれる。つまり，生産技術とは，労働生産性で表現されるともいえる。たとえば日本における自動車生産の労働生産性は「1/日本の自動車生産の労働投入係数」と書ける。

　ある財について，2つの国の労働投入係数を直接比較することで，その財の生産における絶対優位をみつけることができる。より小さい労働投入係数を持つ国が，その財の生産において絶対優位を持っていると考える。労働投入係数は1単位の生産に必要な労働量なので，係数の小さい国の方がより少ない労働量でその財1単位を生産できることを示すからだ。

　もし「日本の自動車生産の労働投入係数＜中国の自動車生産の労働投入係数」であれば，自動車の生産においては日本が絶対優位を持っている。さらに「日本のシャツ生産の労働投入係数＜中国のシャツ生産の労働投入係数」であれば，日本はシャツの生産においても絶対優位を持っていることになる。たとえば，表4-1の数値例がこの状況を表している。

　ただし，絶対優位は貿易パターンの決定には直接関係なく，貿易パターンの決定に強く関係するのはこれから説明する比較優位（Comparative Advantage）である。仮に，ある財に絶対優位を持つ国がもう一方の国にその財を輸出するとなれば，表4-1のケースではどちらの財も日本が中国に

表 4-1　**労働投入係数（数値例）**

	自動車	シャツ
日　本	2	1
中　国	16	2

輸出することになってしまうが，それでは交換にはならない。それに，日本が両方の財に絶対優位を持つので日本がすべてを作ればよいということにもならない。日本がすべてを作る場合，中国の労働者は何もしないことになり，中国の労働という資源をムダにすることになるからだ。当然，中国でも何かを作る方がよいのだが，何を作ることになるのだろうか。それを示してくれるのが比較優位である。

4.4　機会費用と比較優位 ------------------------

　絶対優位は労働投入係数の比較からみつけたが，比較優位をみつけるには機会費用を比較する。機会費用とは，ある活動を行うために「あきらめた」別の活動を行っていたら得られたであろう利益のことである。たとえば，自動車を生産するという活動を行うためには，シャツの生産に投入する労働者を減らして自動車生産の方に労働者を投入しなければならない。つまり，いくらかのシャツ生産を「あきらめて」つまり「犠牲にして」，自動車の生産を行うことになる。このとき，犠牲にしたシャツ生産から得られる利益が，自動車生産の機会費用になる。機会費用とは，実際に支払った経費とは違い，財務諸表などに計上される会計的な費用とは違うが，経済学では非常に重要な概念である。

　ある財の生産の機会費用を比較して，機会費用の低い方の国が，その財の生産において比較優位を持つ。表4-1の数値例を用いて説明しよう。

　機会費用を考える前にまず，自動車の生産を増やすためにかかる実際の費用を考えよう。日本の労働投入係数は2であるので，2単位の労働に対して支払う賃金が1単位の自動車の生産に必要な費用である。同様に中国の労働投入係数は8なので，8単位の労働に対して支払う賃金が1単位の自動車の生産に必要な費用である。もっともこれは機会費用ではなく実際に支払うべき費用である。

　次に自動車の生産を増やすための機会費用を考える。ある1単位の労働には，ある時点において，自動車を作るのに用いられるか，シャツを作るのに

用いられるかという，両立しないトレードオフの関係がある（つまり，1人の労働者が同時に自動車とシャツ両方の生産にかかわることはできない）。すべての労働を自動車かシャツのいずれかの生産に使っている状態（完全雇用）で，自動車の生産をもう1単位増やそうとすると，その自動車もう1単位の生産に用いる労働はそれまでシャツの生産に使用していた労働からしか調達することができないので，必ずシャツの生産量が減ることになる。ある財の生産を1単位増やすときに，減ってしまう別の財の生産量が機会費用になる。自動車とシャツのケースにおいては，

$$\text{自動車の機会費用} = \frac{\text{自動車の労働投入係数}}{\text{シャツの労働投入係数}}$$

$$\text{シャツの機会費用} = \frac{\text{シャツの労働投入係数}}{\text{自動車の労働投入係数}}$$

となる[6]。表4-1の数値例の場合，自動車の機会費用は，

日本：1単位の自動車の生産には労働2単位が必要，労働1単位でシャツは1単位生産可能，したがって自動車1単位の機会費用は2

中国：1単位の自動車の生産には労働16単位が必要，労働1単位でシャツは$\frac{1}{2}$単位生産可能，したがって自動車1単位の機会費用は8

と計算できる。つまり，日本で自動車の生産を1単位増やすためには，シャツの生産を2単位減らさなければならず，中国で自動車の生産を1単位増やすためにはシャツの生産を8単位減らさなければならない。2<8なので，日本の方が自動車の生産を1単位増やすための機会費用が小さく，この例では日本が自動車の生産に比較優位を持つといえる。逆にシャツの機会費用は

日本：1単位のシャツの生産には労働1単位が必要，労働1単位で自動車は$\frac{1}{2}$単位生産可能，したがってシャツの機会費用は$\frac{1}{2}$

中国：1単位のシャツの生産には労働2単位が必要，労働1単位で自動車は$\frac{1}{16}$単位生産可能，したがってシャツの機会費用は$\frac{1}{8}$

6 　仮に労働が余っている状況での機会費用を求めるとすれば，それは0である。なぜならば，ある活動のために別の活動の労働者を減らさなくてもよいからである。

と計算できるので，$\frac{1}{2} > \frac{1}{8}$より，シャツの生産を増やすための機会費用は中国の方が小さく，中国はシャツの生産に比較優位を持つといえる。

【まとめ】 生産技術と絶対優位，機会費用と比較優位

　リカード・モデルでは，生産技術は労働投入係数（あるいは労働生産性）で表される。絶対優位は労働投入係数の比較から，比較優位は機会費用の比較からみつける。ある財に関して，労働投入係数の小さい方が絶対優位を，機会費用の低い方が比較優位を持つ。

4.5 相対価格と比較優位 ------------------------

　リカード・モデルにおいて，貿易を行っていない閉鎖経済（Closed Economy）のときにそれぞれの国内で成立する相対価格と比較優位との間にはどのような関係があるだろうか。ここで3つの仮定をおく。1つ目は両国の消費者が両財ともに消費するという仮定，2つ目は完全競争の仮定，そして3つ目は産業間で労働移動が自由であるという仮定である。

　まず閉鎖経済においては「消費量＝生産量」が成立するので（貿易がないため，自国で生産できる量より多く消費することはできない），1つ目の仮定から，各国の消費者が両財ともに消費するならば，必ずどちらの国でも両財が生産されることになる。次に2つ目の仮定からは，生産されている財においては「価格＝労働投入係数×賃金率」という関係が成立することになる[7]。したがって「賃金率＝価格／労働投入係数」である。賃金率とは1単位の労働が得る報酬である。

7　完全競争の場合，競争相手が無数にいるため市場よりも少しでも高い価格で売ろうとすると全く売れず，生産費用よりも低い価格で売ると損失が発生するため，すべての企業が生産費用と同じ価格で売るしかない。その結果，企業の利潤はゼロである。利潤がゼロということは「総収入（価格×生産量）＝総費用（賃金率×労働投入係数×生産量）」となるので，「価格＝労働投入係数×賃金率」である。なお，経済学における利潤とは経済的利益のことである。経済的利益がゼロでも経営者自身の所得や労働者への賃金支払いは確保できている状態であるので，企業は市場から退出しない。

3つ目の仮定から，仮に自動車の生産に従事して得られる賃金が，シャツの生産に従事して得られる賃金よりも高ければ，すべての労働者は自動車の生産に従事するのでシャツは生産されない。逆にシャツの生産に従事して得られる賃金が，自動車の生産に従事して得られる賃金よりも高ければ，すべての労働者はシャツの生産に従事するので自動車は生産されない。したがって，1つ目の仮定の「両財が生産される」が満たされるには，どちらの生産に従事しても労働1単位あたり同じ賃金を労働者が得られる必要がある。日本において産業間で労働移動が自由であり，完全競争下で両財が生産されているのであれば，「自動車の生産に従事して得られる賃金率＝シャツの生産に従事して得られる賃金率」となる。つまり，

$$\frac{\text{自動車の価格}}{\text{自動車の労働投入係数}} = \frac{\text{シャツの価格}}{\text{シャツの労働投入係数}}$$

が必ず成立していなければならない。これより

$$\frac{\text{自動車の価格}}{\text{シャツの価格}} = \frac{\text{自動車の労働投入係数}}{\text{シャツの労働投入係数}}$$

が導かれる。日本における閉鎖経済時の自動車の相対価格は，日本における自動車の機会費用と同じであり，表4-1の数値例では2となるのである。同様に，中国における閉鎖経済時の自動車の相対価格は，中国における自動車の機会費用と同じ8となる。このように機会費用の違いが，閉鎖経済時の相対価格の違いを生み，これが比較優位につながっているのである。

【まとめ】 相対価格と比較優位

　機会費用の違いが閉鎖経済時の相対価格の違い（比較優位）を生む。

4.6 比較優位に基づく生産特化 ------------------

　ここまでで，機会費用の違いが閉鎖経済時の相対価格の違いを生み，それが貿易を生むことは理解できた。しかし，貿易は両国に別の可能性も与える。

それは生産を得意分野に集中させる可能性である。

■ 比較優位と特化

「閉鎖経済時における日本の自動車の相対価格＜自動車の国際相対価格＜閉鎖経済時における中国の自動車の相対価格」が成立しているとき，日本の自動車生産の機会費用は自動車の国際相対価格を下回っている。このとき日本の消費者が自動車の消費を1単位あきらめると，2つの可能性が生じる。

1つ目の可能性は，自動車の消費を1単位あきらめた分，自動車の生産を1単位減らし，その代わりにシャツを多く生産し，シャツの消費量を増やすことである。もう一方の可能性は，自動車の消費を1単位あきらめても，自動車の生産は減らさずに，消費をあきらめた1単位の自動車を中国に輸出し，交換でシャツを手に入れることである。前者によって手に入るシャツの量は日本の自動車の機会費用に相当する量であり，後者によって手に入るシャツの量は自動車の国際相対価格に相当する量である。「閉鎖経済時における日本の自動車の相対価格＜自動車の国際相対価格」より，明らかに後者の方が魅力的であるから，日本はシャツを自ら生産する必要はなく，自らが比較優位を持つ自動車の生産に専念すべきであることがわかる。

このとき，当然逆に「シャツの国際相対価格＞閉鎖経済時における中国のシャツの相対価格」が成立しているので，中国は自動車を自ら生産する必要はなく，自らが比較優位を持つシャツの生産に専念すべきであることがわかる。このように比較優位を持つ財の生産に生産要素（ここでは労働）を再配分することを特化という。

■ 特化と生産性の改善

ところでこのような特化は世界全体の生産量（＝2国の生産量を合計したもの）にどのような影響を与えるだろうか。表4-1の数値例を使って確認してみよう。ここでは両国の労働の賦存量（各国に存在している総量のこと）を考慮して議論するので，日本の労働者数を1,200人，中国の労働者数を4,800人であるとしよう[8]。両国ともに半分の労働者が自動車の生産に従事し，残り

8　本講の以下の説明では，適宜この数値例を用いる。

表4-2　特化前の生産量

	自動車の生産量	シャツの生産量
日　本	300	600
中　国	150	1200
世界全体 (2国の合計)	450	1800

表4-3　特化後の生産量

	自動車の生産量	シャツの生産量
日　本	600	0
中　国	0	2400
世界全体 (2国の合計)	600	2400

半分の労働者がシャツの生産に従事していれば，生産量は表4-2のようになる。この場合日本では1,200人の半分である600人が自動車の生産に従事していて，その労働投入係数が2であるので，その生産量は300となっている。

　もし日本が比較優位を持つ自動車の生産に，中国が比較優位を持つシャツの生産に，すべての労働者を用いると（このように生産要素をある1つの財の生産にすべて費やす特化を完全特化と呼ぶ），世界全体での生産量はどのように変化するだろうか。それを表したのが表4-3であるが，特化前と比べると世界全体の生産量は自動車，シャツともに増加している。

　両国が比較優位を持つ財にそれぞれ特化することによって，全体としては全く同じ労働量でより多くの財の生産が可能になっているので，世界全体で効率性が改善したといえる。実はこの効率性の改善が特化の利益につながる。特化により増えた生産物を2国で適切に分配できれば，両国ともに貿易によって，貿易前よりも豊かになるからである。

【まとめ】　比較優位に基づく特化と生産性（効率性）の改善
　各国が比較優位を持つ財の生産に特化すると，世界全体での生産量が

増加する（効率性の改善）。もしこの増加分を貿易により上手く分けることができれば，両国が貿易前よりも両財をより多く消費することが可能になり，必ず利益を得られる。

4.7 生産可能性集合と生産可能性フロンティア

　これまで説明してきた生産特化や貿易による利益について，図を用いてより理解を深めよう。

　図4-1の左図の横軸は日本の自動車の生産量，縦軸は日本のシャツの生産量を示している。もし自動車だけを生産すれば，生産量は「労働の賦存量 / 自動車の労働投入係数」となり，シャツだけを生産すれば，生産量は「労働の賦存量 / シャツの労働投入係数」となる。表4-1の数値例を用いれば，日本ではそれぞれ600単位の自動車と1,200単位のシャツを生産できる[9]。また労働の賦存量の半分を自動車の生産に，残り半分をシャツの生産に用いれ

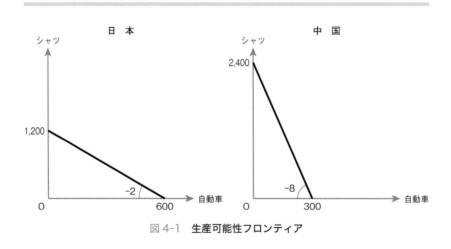

図4-1　**生産可能性フロンティア**

9　スペースの関係で横軸と縦軸のスケールが異なっているので注意。

ば，表4-2に示したように自動車を300単位，シャツを600単位，同時に生産することも可能である。

このように考えると，図4-1左図の太線上の自動車とシャツの組み合わせはいずれも生産可能であり，またその線より内側の組み合わせも生産可能である。したがって，生産可能な組み合わせは図の両軸と太線で囲まれた領域になり，これらは日本において生産できる自動車とシャツの量の組み合わせである生産可能性集合を表している。特に太線を生産可能性フロンティアと呼ぶ。同様の生産可能性フロンティアを中国について描いたものが図4-1の右図である。

一方，自動車を生産するために使用する労働量は「自動車の労働投入係数×自動車の生産量」であり，シャツを生産するために使用する労働量は「シャツの労働投入係数×シャツの生産量」と表せる。各国の労働量には限りがあるため，

$$自動車の労働投入係数×自動車の生産量$$
$$+シャツの労働投入係数×シャツの生産量＝労働の賦存量$$

でなければならない。この条件を労働の完全雇用条件と呼ぶ。これを図示したものが完全雇用線であるが，実はこれが生産可能性フロンティアであった。また，上の完全雇用条件の式を変形すると，

$$シャツの生産量＝$$
$$\frac{労働の賦存量}{シャツの労働投入係数}-\left(\frac{自動車の労働投入係数}{シャツの労働投入係数}\right)自動車の生産量$$

となるため，生産可能性フロンティアの傾きの絶対値（マイナスの符号を外したもの）は，自動車の機会費用であることがわかる。

4.8 閉鎖経済における生産点と消費点 ---------

生産可能性フロンティア上のどのあたりの位置に生産点が決まるのかは，その国の消費者の好みに依存する。消費者がより自動車を好めば生産点は図

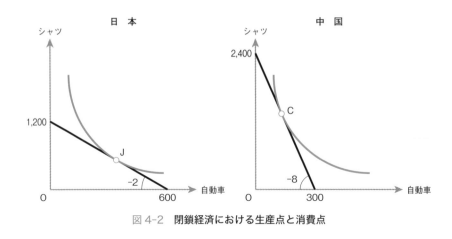

図4-2　閉鎖経済における生産点と消費点

4-1 の生産可能性フロンティア上のより右下に，逆に消費者がよりシャツを
好めば生産点は生産可能性フロンティア上のより左上に決まることになる。

　ここで消費点は消費者の効用最大化により決まると考えよう [10]。閉鎖経済
においては，生産可能な組み合わせが消費可能な組み合わせであるから，そ
の組み合わせの中から，消費者の効用が最も高くなる自動車とシャツの組み
合わせが選ばれることになる。その結果，消費点として選ばれているのが，
図4-2 の点Jと点Cである（**第3講**の無差別曲線を思い出そう）。なお閉鎖経
済では消費は生産によってのみ実現するので，点Jと点Cは生産点でもあ
る。

4.9　自由貿易のもとでの生産点と消費点-------

　ある財の機会費用が両国で異なっていれば，閉鎖経済における両国の相対
価格は異なっている。もし，自由に貿易できるようになれば，2つの国の相

10　ここでの消費者はその国の個々の消費者ということではなく，代表的個人と呼ばれる，
　　たった1人の消費者のことである。この代表的個人の効用がその国の経済厚生を表している。

対価格の中間に，国際相対価格が定まる。表4-1の数値例では，

日本の自動車の機会費用＜自動車の国際相対価格＜中国の自動車の機会費用

が成立する。したがって，日本にとっては

$$日本の自動車の機会費用 = \frac{自動車の労働投入係数}{シャツの労働投入係数} < \frac{自動車の国際価格}{シャツの国際価格}$$
$$= 自動車の国際相対価格$$

なので，

$$\frac{シャツの国際価格}{シャツの労働投入係数} < \frac{自動車の国際価格}{自動車の労働投入係数}$$

であり，日本では，自動車を生産して国際市場で自動車を売った方が，シャツを生産して売るよりも，労働投入1単位あたりの収入が多いことになる。したがって，日本では自動車しか生産されない。逆に中国にとっては

$$自動車の国際相対価格 = \frac{自動車の国際価格}{シャツの国際価格} < \frac{自動車の労働投入係数}{シャツの労働投入係数}$$
$$= 中国の自動車の機会費用$$

なので，

$$\frac{自動車の国際価格}{自動車の労働投入係数} < \frac{シャツの国際価格}{シャツの労働投入係数}$$

であり，中国ではシャツしか生産されない。これらの生産点は図4-3に，それぞれ P_J，P_C として示されている。

　それでは消費点はどのように決まるのであろうか。両国は，生産した財を国際相対価格で交換することができるので，図4-3で破線上の自動車とシャツの組み合わせを消費することが可能である（破線の傾きは，両財の国際相対価格であり，図4-3の左右両図で傾きが同じである）。そして，閉鎖経済と同様に，その組み合わせの中から，消費者の効用が最も高くなる自動車とシャツの組み合わせが選ばれることになる。図4-3では消費点として，日本では C_J が，中国では C_C が，それぞれ選ばれている。

　自動車については，日本は「生産量＞消費量」であるから輸出をし，中国は「生産量（＝0）＜消費量」であるから輸入をすることになる。ある国際相

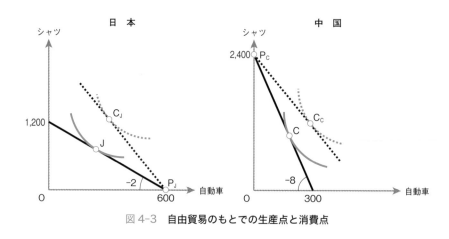

図4-3　自由貿易のもとでの生産点と消費点

対価格で貿易が均衡していれば，日本の輸出量と中国の輸入量が等しくなっていなければならない。同様にシャツについては，日本は「生産量（＝0）＜消費量」であるから輸入をし，中国は「生産量＞消費量」であるから輸出をすることになる。こちらも貿易が均衡していれば，日本の輸入量と中国の輸出量が等しくなっていなければならない。

4.10　リカード・モデルにおける貿易利益-----

　最後にリカード・モデルにおける貿易利益を確認しよう。閉鎖経済での消費可能な組み合わせは生産可能性フロンティア上の財の組み合わせであったが，図4-3にあるように，貿易後の消費可能な財の組み合わせはその外側にある。したがって，閉鎖経済では選べなかった消費点を貿易後には選べるようになっているので，貿易には利益があるといえる。実際に自国と外国の両国が比較優位財に生産特化することにより，両国全体での生産量が両財ともに増加するので（効率性の改善，特化の利益），両国ともが両財ともより多く消費することも可能である。

　本講では代表的個人という消費者の無差別曲線を用いて，消費点を考えて

いるので，自由貿易の利益は，図4-3にあるように，貿易によって，より高い水準の効用を与える無差別曲線上（より右上の無差別曲線上）の点を選べている（＝経済厚生が改善している）ことからも簡単に理解できる。またこの図のケースでは日本と中国のどちらも自由貿易によって自動車とシャツの消費量がともに増加しているので，貿易が利益をもたらすことはより理解しやすい。

4.11 ま と め

本講では国家間の生産技術（労働生産性）の違いによって機会費用が異なり，閉鎖経済時の相対価格が異なることを学んだ。そして，相対価格が国家間で異なるために，貿易が生じることも確認した。リカード・モデルでは，ある財の生産における機会費用が低い方の国がその財に比較優位を持ち，比較優位に基づいた貿易を行うことによって，両国合わせた生産量と消費量が増えることを学んだ。これが両国が特化と交換から得る貿易利益である。

■ Active Learning

《練習問題》・・・

1. 大学で学ぶことの機会費用を考えなさい。
2. A国とB国，X財とY財が存在する2国2財のリカード・モデルにおいて，A国がX財に，B国がY財に絶対優位を持つ労働投入係数の数値例を考えなさい。またそこでは絶対優位と比較優位との関係はどのようになっているかを確認しなさい。
3. A国とB国，X財とY財が存在する2国2財のリカード・モデルにおいて，両国の労働投入係数が下表のとおりとする。

	X 財	Y 財
A 国	3	3
B 国	2	1

⑴　両国の X 財生産の機会費用を求めなさい。

⑵　X 財の生産に比較優位を持つ国はどちらかを答えなさい。

⑶　この 2 国で自由貿易を行ったとする。その場合の貿易パターンを答えなさい。

ヘクシャー=オリーン・モデル
：生産要素賦存と比較優位

■本講では相対的な生産要素の豊富さの違いによって貿易を説明するヘク
シャー=オリーンの貿易モデルを学ぶ。リカード・モデルと異なり生産要素
が複数あるので，貿易によって異なる生産要素が異なる影響を受けることも
確認できる。

5.1 　生産技術以外の要因------------------------

　第4講ではリカード・モデルを学んだ。そこでは生産技術の違い，具体的
には労働投入係数から求めた機会費用の違いが，閉鎖経済時における国家間
の財の相対価格の違いにつながり，その相対価格の違いが貿易を生み出して
いた。しかし，生産技術に違いがなければ貿易は生じないのであろうか。

　表5-1は，2018年におけるカナダ・メキシコ・アメリカの3か国の間の
輸出額を示している。カナダはアメリカと同じ先進国であり，アメリカとの
間の生産技術の違いもメキシコほどは大きくないと思われるが，カナダはメ
キシコとほぼ同規模の輸出をアメリカに対して行っている。それではカナダ
とアメリカとの間の貿易は，生産技術の違い以外のどのような要因で説明で
きるのだろうか。

　本講では生産要素の相対的な豊富さの違いが貿易を生み出すことを説明す
る，ヘクシャー=オリーン・モデル（Heckscher-Ohlin Model，以下 HO モデル）
を学ぶ[1]。標準的な場合，リカード・モデルが2国2財1生産要素のモデルで

1　HO モデルはリカード・モデルとともに「伝統的貿易理論」と呼ばれる。

表 5-1　**2018 年のカナダ・メキシコ・アメリカの輸出額**

（単位：10 億米ドル）

輸出国＼輸入国	カナダ	メキシコ	アメリカ
カナダ		6.3	337.5
メキシコ	14.0		344.7
アメリカ	299.7	265.4	

（出所）　UN Comtrade より筆者作成

あったのに対して，HO モデルは 2 国 2 財 2 生産要素である。そのため，ここでは生産要素として労働に加えて資本を考える。

　まず，本講における重要な仮定を述べておく。一つは HO モデルでは 2 国の間で技術は同一であるという仮定である。もう一つは消費者の選好が両国で同一で，かつ 2 財の消費の比率（工業品の消費量 / 農産品の消費量）は，2 財の価格の比率（工業品の価格 / 農産品の価格）にのみ依存するという仮定である。これらはそれぞれ技術の違いや国の大きさ（所得の大きさ）の違いによって貿易が起こる可能性を取り除き，生産要素の相対的な豊富さの違いによって生まれる貿易に焦点をあてるための仮定である。

5.2　資本労働比率と資本集約度------------------

■ 資本労働比率

　そもそも生産要素の相対的な豊富さとは何だろうか。たとえば自国（H）と外国（F）が所有する資本（K）と労働（L）の賦存量が図 5-1 のような大きさであるとしよう。自国における労働と資本の賦存量と外国における賦存量とを単純に比較すると，つまり絶対的な賦存量で考えれば，労働も資本も豊富なのは自国である。しかし「1 単位の労働がどれだけの資本を利用できるのか」という資本の相対的な豊富さ（資本の賦存量 / 労働の賦存量は一国全

自国にある生産要素　　　　外国にある生産要素

相対的に資本　　　　　　　相対的に労働
が豊富　　　　　　　　　　が豊富

図 5-1　**資本豊富か労働豊富か**

体の資本労働比率と呼ばれる）を考えると自国の方が大きく，逆に「1単位の資本にどれだけの労働者が配置されているのか」という労働の相対的な豊富さを考えると外国の方が大きくなる。よって2国2生産要素のケースでは，それぞれの国はどちらかの生産要素を相対的に豊富に所有していることになる。なおこのようなケースでは自国を資本豊富国，外国を労働豊富国と呼ぶ。

■ 資本集約度

　生産技術においても同様の議論ができる。工業品（M）と農産品（A），それぞれ1単位の生産に使う労働と資本の量（労働投入係数，資本投入係数）が図5-2のような大きさであるとしよう。ここで資本投入係数を労働投入係数で割った比率（資本投入係数 / 労働投入係数は資本集約度と呼ばれる）を比較すると，工業品の方が農産品に比べてその比率が高いことがわかる。工業品の方がこの比率が高いということは，工業品の方が資本を相対的に多く使うということであり，この比率の高い工業品は資本集約財（Capital-intensive Goods）と呼ばれる。また，逆にこの比率の低い農産品は労働集約財（Labor-intensive Goods）と呼ばれる。よって2財2生産要素のケースでは，それぞれの財はどちらかの生産要素を集約的に用いていることになる。

　これを数値例を用いて考えてみよう。表5-2には工業品と農産品の労働投入係数と資本投入係数の数値例が示されている。工業品の資本集約度は

工業品の生産に用いる
生産要素

農産品の生産に用いる
生産要素

相対的に資本
集約的

相対的に労働
集約的

図 5-2　資本集約的か労働集約的か

表 5-2　資本投入係数と労働投入係数

	労働投入係数	資本投入係数
工業品	10	20
農産品	20	5

$\frac{20}{10} = 2$, 農産品の資本集約度は $\frac{5}{20} = 0.25$ なので，比率の大きい工業品が資本集約財であり，比率の小さい農産品が労働集約財である。

　HO モデルでは，それぞれの国はその国に豊富な生産要素を集約的に用いる財を輸出することになる。これがヘクシャー=オリーン定理である。ここの例では，貿易を行うと資本豊富国である自国が資本集約財である工業品を外国に輸出し，労働豊富国である外国が労働集約財である農産品を自国に輸出することが示される。それは貿易を行わないとき（閉鎖経済時）に，資本豊富な自国の方が労働豊富な外国よりも資本集約財（工業品）の労働集約財（農産品）に対する相対価格が低くなることから説明される。まずは次節でHO モデルにおいて，閉鎖経済時に各国でどのような相対価格が成立しているのかを確認しよう。

5.3 閉鎖経済時の相対価格--------------------

　ここでは2国の資本労働比率の違いが閉鎖経済時の相対価格の違いを生むことを理解する。工業品と農産品の生産技術は表5-2のとおりとしよう。ここで，生産技術とは労働投入係数と資本投入係数を指している。また自国と外国それぞれにおける資本と労働の賦存量は表5-3のとおりとする。

■ 生産可能性フロンティアと生産点

　ある国が2財の生産に用いることができる労働と資本の量はそれらの賦存量によって制限されるので，生産量も当然制限される。具体的には自国の両財の生産量は，賦存量までしか労働と資本が使えないという制約を受ける。表5-3より，自国の労働賦存量は500なので，自国における労働の制約は以下の式で表すことができる。

$$(10 \times 工業品生産量 + 20 \times 農産品の生産量 \leqq 500)　　　[図5-3の直線①]$$

一方，表5-3より自国の資本賦存量も500なので，自国の賦存量までしか資本が使えないという制約は以下のように表される。

$$(20 \times 工業品生産量 + 5 \times 農産品の生産量 \leqq 500)　　　[図5-3の直線②]$$

　自国での生産においては，これら2つの制約を同時に満たす必要がある。したがって自国に存在する生産要素を使って最大限生産可能な2財の組み合わせ（生産可能性フロンティア）は図5-3における直線①と②上の青色の実

表 5-3　**自国と外国の生産要素の賦存量**

	労　働	資　本
自　国	500	500
外　国	1,000	500

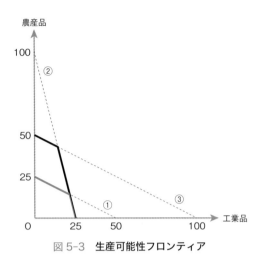

図 5-3　生産可能性フロンティア

線部分である[2]。この実線上の生産点においては，一方の生産量を減らさずに，他方の生産量を増やすことはできない。

　このとき生産可能性フロンティア上の具体的にどの点で生産されるのだろうか。閉鎖経済時には各財の生産量は消費量と一致する必要があるので，生産量の組み合わせは消費者の好みに依存する。消費者の好みがどちらかの財に大きく偏っていない限りは図 5-4 の点 H となる（**第 3 講**，**第 4 講**に出てきた無差別曲線を思い出そう）[3]。なおこの点 H は，資本と労働のどちらも余すことなく使い切れる唯一の生産点である。

■ 要素賦存量の違いと生産点の違いとの関係

　では要素賦存量に違いがあり，その比率（生産要素賦存比率）が異なるとどうなるだろうか。表 5-3 のとおり，外国は資本の賦存量は自国と同じだが，

2　リカード・モデルでは生産要素は資本しか存在していなかったので，直線①の制約しかなく，それそのものが生産可能性フロンティアであった。
3　ここでも**第 4 講**と同様に，各国の経済厚生は代表的個人の効用で表すことができると考えている。効用最大化については**第 3 講**（**3.5 節**）を参照すること。

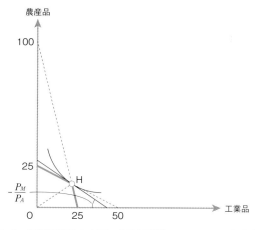

図 5-4　閉鎖経済時の自国の生産可能性フロンティアと生産点

労働は自国よりも 500 だけ多い。したがって，自国の資本労働比率が$\frac{500}{500}=1$であるのに対して，外国の資本労働比率は$\frac{500}{1,000}=\frac{1}{2}$であるので，自国が資本豊富国，外国が労働豊富国となる。このとき生産可能性フロンティアはどのように違ってくるだろうか。外国は自国に比べて労働が多いので，労働の制約が緩み，外国における労働制約線は図 5-3 の直線③になる。したがって，外国の生産可能性フロンティアは直線②と③上の黒の実線部分である。そして自国と同じように考えると，選ばれる生産点（＝消費点）は図 5-5 の点 F となる。

　ここで図 5-4 の線分 OH と図 5-5 の線分 OF の傾きをみてみよう。これらの線分の傾きは，それぞれの生産点における「農産品の生産量 / 工業品の生産量」を示しているのであるが，線分 OF の傾きの方が線分 OH の傾きよりも大きいことがわかる。つまり，

$$\frac{\text{外国における農産品の生産量}}{\text{外国における工業品の生産量}} > \frac{\text{自国における農産品の生産量}}{\text{自国における工業品の生産量}}$$

となっている。これより

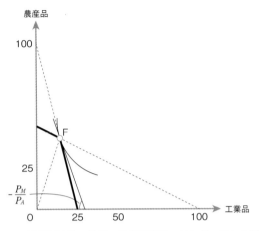

図5-5　閉鎖経済時の外国の生産可能性フロンティアと生産点

$$\frac{\text{外国における工業品の生産量}}{\text{外国における農産品の生産量}} < \frac{\text{自国における工業品の生産量}}{\text{自国における農産品の生産量}}$$

が成立し，外国の方が相対的に農産品を多く生産し，自国の方が相対的に工業品を多く（農産品を少なく）生産していることになる。ここで思い出してほしいことは，自国が資本豊富国であり外国が労働豊富国であるということ，そして工業品が資本集約的であり，農産品が労働集約的であるということである。そこで，これらを合わせると，

$$\frac{\text{労働豊富国における資本集約財の生産量}}{\text{労働豊富国における労働集約財の生産量}}$$

$$< \frac{\text{資本豊富国における資本集約財の生産量}}{\text{資本豊富国における労働集約財の生産量}}$$

が成立し，資本豊富国における資本集約財の労働集約財に対する相対的な生産量は，労働豊富国におけるそれよりも多くなることがわかる。このことは閉鎖経済時の両国の2財の相対価格とどのような関係があるだろうか。なお工業品の相対価格とは「工業品の価格 / 農産品の価格」である。

■ 要素賦存量の違いと相対価格の違いとの関係

ここで HO モデルでも**第4講**のリカード・モデルと同じく，2 国の消費者の選好は同じであると仮定していることを思い出そう。選好が同じであれば，相対的に豊富にある財は希少性が低いので価格は安くなるはずであるし，逆にもう一方の財は希少性が高いので価格は高くなるはずである。したがってここでは

$$\frac{自国における工業品の価格}{自国における農産品の価格} < \frac{外国における工業品の価格}{外国における農産品の価格}$$

が成り立ち，HO モデルにおいて一般的には

$$\frac{資本豊富国における資本集約財の価格}{資本豊富国における労働集約財の価格}$$
$$< \frac{労働豊富国における資本集約財の価格}{労働豊富国における労働集約財の価格}$$

が成り立つ。このようにして 2 国で技術が同一であっても，生産要素賦存比率の違いが閉鎖経済時における財の相対価格に差異をもたらすことが理解できた。

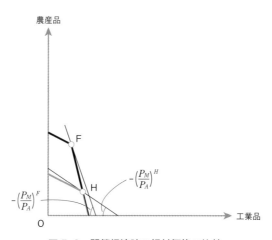

図 5-6　**閉鎖経済時の相対価格の比較**

工業品の価格と農産品の価格の価格をそれぞれ P_M と P_A とすると，工業品の相対価格は $\frac{P_M}{P_A}$ と表現されるが，実はこの相対価格は，図5-4と図5-5にすでに示されている。点H（点F）を通る無差別曲線の点H（点F）における接線の傾きの大きさ（絶対値）がそれである[4]。2国の相対価格の違いは，自国の工業品の相対価格を $\left(\frac{P_M}{P_A}\right)^H$，外国の工業品の相対価格を $\left(\frac{P_M}{P_A}\right)^F$ として図5-6にまとめるとわかりやすい。明らかに2国の相対価格は異なり，すでに述べたように，$\left(\frac{P_M}{P_A}\right)^H < \left(\frac{P_M}{P_A}\right)^F$ となっている。

5.4 自由貿易時の貿易パターン ----------------- （ヘクシャー=オリーン定理）

前節までに，2国で生産要素賦存比率に違いがあると閉鎖経済時における財の相対価格も異なることが理解できた。そのような場合に貿易が可能になると，工業品は工業品の相対価格が低い国から高い国へ，農産品は農産品の相対価格が低い国から高い国へそれぞれ輸出されることは**第4講**で説明したとおりである。したがって，HOモデルでは，「資本豊富国における資本集約財の相対価格は，労働豊富国におけるものよりも安いので，資本豊富国は資本集約財を輸出する」，そして「労働豊富国における労働集約財の相対価格は，資本豊富国におけるものよりも安いので，労働豊富国は労働集約財を輸出する」といえる。これより「資本（労働）豊富国は資本（労働）集約的な財に比較優位を持ち，その財を輸出する」というヘクシャー=オリーン定理が得られる。

実際に自国と外国との間で自由に貿易が行われると，もともとの相対価格が異なる2国は，最終的に同じ価格（国際価格）に直面することになり，その国際相対価格は2国の閉鎖経済時の相対価格の間の水準に落ち着くことは**第4講**（4.2節）で学んだとおりである。

---

4 消費点における無差別曲線の接線の傾きの絶対値が相対価格であるということは**第4講**（4.7節）ですでに学んでいる。リカード・モデルの場合はその接線が生産可能性フロンティアでもあるが，ここではそうではないという点が両者の違いである。

5.5 貿易利益------------------------------------

　HO モデルにおける貿易利益はどのように示されるであろうか。**第 4 講**
（**4.10 節**）と同様に無差別曲線に注目しよう。閉鎖経済時において自国の消
費点（＝生産点）は図 5-4 の点 H であった。このときの自国の消費者の効用
は点 H を通る無差別曲線の水準となる。自国が貿易を行うと、もともとの
工業品の相対価格がより高い外国と貿易することになるので、この国が直面
する工業品の相対価格は閉鎖経済時に比べて上昇する。自国は点 H で生産
した工業品を、自由貿易後の工業品の相対価格（国際相対価格）で輸出し、
その価格で農産品を輸入可能になり、最適な消費点として図 5-7 の点 H′ が
選ばれる。点 H′ は点 H の右上にある点と同じ無差別曲線上に存在するので、
閉鎖経済時よりも自由貿易時の方が、自国の代表的個人の効用（＝経済厚
生）は改善しているといえる[5]。これがこの HO モデルにおける貿易利益であ
る。なお外国の貿易利益も同様に説明できる。

　ここで注目しておきたいのは、図 5-7 で表されている貿易利益の源泉で
ある。**第 4 講**のリカード・モデルでは、貿易の利益は「交換の利益」と「特
化の利益」に分けられることを説明した。しかし図 5-7 では貿易前も貿易
開始後も同じ点 H で生産し続けているので、特化は行われておらず、「交換
の利益」しか描かれていない。実はこれは、資本が労働の代わりをできず、
またその逆もできない、つまり資本と労働の間で代替が存在せず、労働投入
係数や資本投入係数が一定であることに大きく依存している。

　一般には財の生産において生産要素（ここでは資本と労働）間の代替があ
る程度可能である。賃金率（1 単位の労働に対する報酬）が高くなれば、生産
者は労働者数・時間を減らして資本（機械など）を増やすだろう。これまで
学んできた経済学用語を使えば、労働投入係数を低下させ、資本投入係数を

5　点 H′ と同じくらい望ましく（つまり同じ無差別曲線上にある）、かつ点 H の「右上に存在
　する」点が存在することは容易に示せる。右上に存在する点は、点 H よりも工業品も農産品も
　多く消費できる点であるので、明らかに点 H よりも望ましい。この点 H よりも望ましい点と点
　H′ は同じくらい望ましいので、たとえ一方の財の消費量が減っていても、点 H′ は点 H よりも望
　ましくなる。

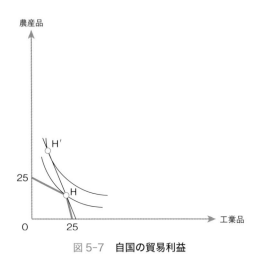

図 5-7　自国の貿易利益

上昇させるような変化が生じる。逆に資本レンタル率（1単位の資本に対する報酬）が高くなれば労働投入係数を上昇させ，資本投入係数を低下させるような変化が生じる。

　詳しい説明は本書では省略するが，このような反応を考慮して，生産可能性フロンティアと貿易利益を描いたものが図 5-8 である。この場合の生産可能性フロンティアは滑らかな曲線となり，自国では貿易によって閉鎖経済時より工業品の相対価格が高くなるので，工業品を閉鎖経済時より多く生産し，それらを輸出することになる。図 5-8 では貿易を行うと生産点は点 H から点 H″ へ移動している。つまり資本豊富国である自国は資本集約的な財をより多く生産するようになる。また外国では生産点が点 F から点 F″ へ移動している。つまり労働豊富国である外国は労働集約的な財をより多く生産するようになる。新しい生産点においても両国は両財を生産し続けているので，この特化は不完全特化と呼ばれる。

　自国は，閉鎖経済時は点 H で示される生産を行い，そのまま国内で消費していたが，自由貿易時には工業品生産を増やして点 H″ で示される生産を行っている。工業品を XH″ の量だけ輸出し，その代わりに農産品を XH′ だ

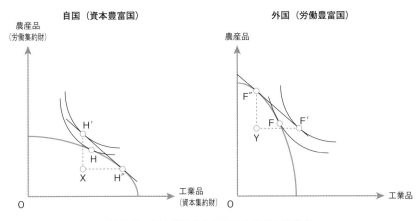

図 5-8　自由貿易のもとでの生産点と消費点

け輸入することによって，点 H′ で示される量の工業品と農産品を国内で消費できる。その結果，経済厚生の改善（より右上の無差別曲線上での消費）がもたらされるのである。

　外国でも自由貿易により同様の変化が生じる。外国では閉鎖経済時は点 F が生産点かつ消費点であった。貿易開始によって，閉鎖経済時よりも相対価格が上昇した農産品の生産を増やして点 F″ が新しい生産点となる。外国は自国に対して農産品を YF″ の量だけ輸出し，その代わりに工業品を YF′ の量だけ輸入する。この国際相対価格が国際市場で均衡をもたらすためには，2国の間で2財の輸出入が丁度等しくなる必要がある。つまり，外国の農産品の輸出量（YF″）は自国の農産品の輸入量（XH′）に等しく，外国の工業品の輸入量（YF′）は自国の工業品の輸出量（XH″）に等しくならなければならない。

5.6　HO モデルから導かれる定理---------------

　HO モデルにはすでに述べたヘクシャー=オリーン定理を含めて4つの定

理が存在する。以下では，残る3つであるリプチンスキー定理，要素価格均等化定理，ストルパー＝サミュエルソン定理をそれぞれ簡潔に説明する。

■ リプチンスキー定理

リプチンスキー定理は要素賦存量の変化と生産量の変化との間にある関係についての定理である。具体的には「ある生産要素が増加すると，その生産要素を集約的に用いる財の生産量が上昇し，もう一方の財の生産量が減少する」というものである[6]。

これは図5-6で確認できる。自国と外国との間における唯一の違いは，労働の賦存量であった。労働が多い外国の生産点Fは，労働が少ない自国の生産点Hよりも，工業品（資本集約財）の生産量が少なく，農産品の生産量（労働集約財）が多かった。したがって確かにリプチンスキー定理が成立している。

ある生産要素，たとえば労働の賦存量が増加したときに，なぜ両財の生産量が増えることができないかというと，もう一方の生産要素の制約が変わらないからである。すでに資本をすべて使い切っているならば（実際に図5-6の点Hではそうである），どちらかの財の生産量を増やすためには，もう一方の財の生産量を減少させて資本を調達しなければならないのである。

では労働集約財ではなく，資本集約財の生産量が増加することはないのか。確かに，労働集約財の生産量を減少させても資本は調達できる，しかしこのとき，資本に比べて多くの労働も同時に調達できてしまう。資本集約財はその生産には労働をあまり使用しないので，労働集約財の生産量を減少させる代わりに資本集約財の生産量を増加させても，増えた労働をすべて使い切るどころか，労働はさらに余ってしまう。したがって労働が増加したときに，生産量が増加するのは労働集約財でなければならないとわかる。

■ 要素価格均等化定理

HOモデルにおいて，ある財を1単位生産するときにかかる費用は「労働

6　一般的なリプチンスキー定理には「財の価格を一定として」という条件が必要であるが，本講で用いている生産要素の投入係数が一定のHOモデルでは必要ない。

投入係数×賃金率＋資本投入係数×資本レンタル率」となる[7]。リカード・モデルと同様，HO モデルも完全競争のモデルであるので，工業品と農産品の両財がともに生産されているのであれば，どちらの財についても「価格＝単位費用」でなければならない。つまり，

工業品の労働投入係数×賃金率＋工業品の資本投入係数
　×資本レンタル率＝工業品の価格
農産品の労働投入係数×賃金率＋農産品の資本投入係数
　×資本レンタル率＝農産品の価格

の 2 式が成立しているはずである[8]。したがって，工業品と農産品の価格の組み合わせ（P_M, P_A）が与えられると，上記 2 式より賃金率と資本レンタル率が同時に決定されることがわかる。賃金率を w，資本レンタル率を r とすると，表 5-2 の数値例では，

$$10w + 20r = P_M \qquad \langle A \rangle$$
$$20w + 5r = P_A \qquad \langle B \rangle$$

の 2 式が成立することになり，これらは図 5-9 のように図示できる。図 5-9 の点 e（〈A〉式の直線と〈B〉式の直線の交点）が，ある 2 財の価格の組み合わせが与えられたときに成立する，賃金率と資本レンタル率の組み合わせである。〈A〉と〈B〉の連立方程式を解くと，賃金率と資本レンタル率の組み合わせ（w, r）は

$$w = \frac{4P_A - P_M}{70}, \quad r = \frac{2P_M - P_A}{35}$$

となる。

　2 財の価格の組み合わせが両国で異なっていれば，両国の賃金率と資本レンタル率は当然異なる。たとえば貿易前の自国の工業品と農産品の価格の組

7　賃金率とは 1 単位の労働が得る報酬であり，資本レンタル率とは 1 単位の資本が得る報酬であることを思い出そう。

8　完全競争で利潤ゼロ（総収入＝総費用）であれば「価格＝平均費用」が成立する。HO モデルでは固定費用は存在しないので，平均費用は単位費用（1 単位の生産に投入される労働と資本の費用）となる。

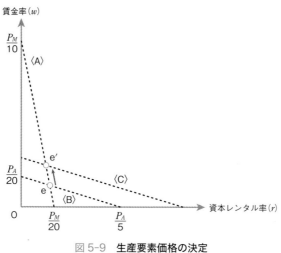

図 5-9　**生産要素価格の決定**

み合わせ (P_M, P_A) が $(280, 350)$ であれば，賃金率と資本レンタル率の組み合わせ (w, r) は $(16, 6)$ となる。一方，外国の工業品と農産品の価格の組み合わせが $(350, 280)$ であれば，賃金率と資本レンタル率の組み合わせは $(11, 12)$ となる。このとき賃金率を資本レンタル率で割った比率 $\left(\frac{w}{r}\right)$ は，自国が $\frac{8}{3}$，外国が $\frac{11}{12}$ となっている。つまり農産品の相対価格が高い自国の方が，相対的に賃金率が高くなっている[9]。

　HO モデルでは貿易後も両国ともに両財を生産しているので，上記の 2 式より賃金率と資本レンタル率が同時に決定されるのは貿易後も同じである。ただし自由貿易を行うと，両国ともに同じ価格に直面するので，この賃金率，資本レンタル率も当然同じになる。これが要素価格均等化定理である。たとえば貿易後の工業品と農産品の価格の組み合わせが $(300, 320)$ であるとすると，賃金率と資本レンタル率の組み合わせは $(14, 8)$ で一致する。

　この変化は両国の賃金率と資本レンタル率にどのような影響を与えたであろうか。資本豊富国である自国からみると貿易の開始により，資本集約財で

9　これは次に述べるストルパー=サミュエルソン定理と関係が深い。

ある工業品の価格が上昇し，労働集約財である農産品の価格が低下し，資本レンタル率が上昇し，賃金率が低下している。一方，労働豊富国である外国からみると貿易の開始により，労働集約的である農産品の価格が上昇し，資本集約的である工業品の価格が低下し，賃金率が上昇し，資本レンタル率が低下している。要するにその国に豊富に存在する生産要素への報酬が上昇し，希少な生産要素への報酬が低下しているのであるが，この賃金率と資本レンタル率の変化は，自国と外国が資本と労働を直接交換することが可能であれば実現する変化である。つまり HO モデルにおいては，財の貿易を行うことにより，あたかも生産要素を貿易したかのように，自国はより安価な労働を手に入れることができ，外国はより安価な資本を手に入れることができている。

■ ストルパー=サミュエルソン定理

　最後にストルパー=サミュエルソン定理を説明する。これは，「ある生産物の価格が上昇すれば，その財の生産に集約的に用いられる生産要素の実質報酬が高くなり，他の生産要素の実質報酬は下落する」というものである。たとえば（工業品の価格を一定として）農産品の価格が上昇したときに，価格の上昇率よりも高い上昇率で賃金率が上昇し，資本レンタル率が低下するということである。

　図 5-9 の直線〈C〉は，農産品の価格が上昇するケースを示している。もともとの賃金率と資本レンタル率の組み合わせは，直線〈A〉と〈B〉の交点の点 e であった。しかし，農産品の価格が上昇すると農産品の「価格＝単位費用」が成り立っている条件が〈B〉から〈C〉へ変化する。これによって新しい賃金率と資本レンタル率の組み合わせは点 e′（直線〈A〉と〈C〉の交点）となり，この点 e から点 e′ への変化によって，賃金率が上昇し，資本レンタル率が低下している。これによって「ある生産物の価格が上昇すれば，その生産において集約的に用いられている生産要素の報酬が高くなり，他の生産要素の報酬は下落する」ことが理解できた。

　しかし実質報酬（報酬を価格で割ったもの）はどうであろうか。工業品の価格が一定で，農産品の価格が上昇していれば，報酬が下がった資本は当然そ

の実質報酬も低下する。一方，労働の方は，価格の上昇率よりも賃金率の上昇率が高ければ実質報酬が上昇していることになる。ここでは直感的な説明にとどめるが，「農産品の労働投入係数×賃金率＋農産品の資本投入係数×資本レンタル率＝農産品の価格（$20w + 5r = P_A$）」であることを思い出してみよう。この式から，価格が上昇すれば単位費用も上昇することになるが，農産品の価格が上昇した場合は，先に確認したように資本レンタル率は低下する。したがって単位費用の上昇率が価格の上昇率と等しくなるためには，農産品の価格の上昇率よりも賃金率の上昇率が高くなければならないのである。

　さて，ストルパー＝サミュエルソン定理は自由貿易の効果とどのような関係があるだろうか。たとえば資本豊富国では貿易を開始すると輸出財になる資本集約財の価格は上昇するので，資本の実質報酬が高くなり，労働の実質報酬は低くなる。また輸入財になる労働集約財の価格は低下するので，労働の実質報酬は低くなり，資本の実質報酬は高くなる。つまり資本豊富国では，貿易により資本家は得をし，労働者は損をするのである。なお労働豊富国での影響は逆である。一国全体では経済厚生が改善するので貿易利益は存在するが，国の内部にはこのように利益を得る主体と損失を被る主体が存在し，所得再分配の必要性が示唆される。これが，HO モデルにおけるストルパー＝サミュエルソン定理の重要な点である。

5.7　ま と め------------------------------------

　本講では相対的な生産要素の豊富さの違いによって貿易が生じることを学んだ。そこでは資本が豊富な国は資本集約的な財を輸出し，労働が豊富な国は労働集約的な財を輸出する。貿易により一国全体では経済厚生が改善する（貿易利益がある）が，資本と労働の 2 つの生産要素の間で，受け取る報酬が増える要素と減る要素とが存在する。つまり，異なる生産要素は貿易自由化によって真逆の影響を受けることも学んだ。

《練習問題》‥‥‥‥‥‥‥‥‥‥‥‥‥‥‥‥‥‥‥‥‥‥‥‥‥‥‥‥‥‥‥‥‥‥‥‥‥‥

1. 日本とA国とを比較する。「HOモデルでは資本賦存量が日本よりも少なくても，A国は資本豊富国になりうる」ということを説明しなさい。

2. A国とB国，X財とY財，資本と労働が存在する2国2財2生産要素のHOモデルにおいて，両財の労働および資本投入係数が下表のとおりとする。

	労働投入係数	資本投入係数
X 財	10	20
Y 財	5	15

また両国の労働および資本賦存量は下表のとおりとする。

	労働賦存量	資本賦存量
A 国	100	250
B 国	200	450

(1) 両財の資本集約度を求めなさい。

(2) 両国の資本労働比率を求めなさい。

(3) この2国で自由貿易を行ったとする。その場合の貿易パターンを答えなさい。

3. 資本豊富国と労働豊富国とで，消費者の選好が異なり，資本豊富国は労働豊富国よりも資本集約財をより好むとする。このように仮定が変わると，本講で学んだ貿易パターンの決定にどのような影響が生じるか考えなさい。

第6講
産業内貿易と新貿易理論

■前講までに，比較優位が異なる生産物（異なる産業に分類される生産物）の
貿易を生み出すことを学んだ。本講では，同一生産品目（同じ産業に分類さ
れる生産物）どうしの貿易について学ぶ。

6.1 伝統的貿易理論と新貿易理論---------------

　前講までに，異なる生産物（異なる産業に分類される生産物）の貿易パター
ンは比較優位に基づいて決まることを学んだ。しかし，実は世界の貿易の
多くが同一生産品目（同じ産業に分類される生産物どうしの輸出入）である。
たとえば，日本から自動車がドイツに輸出される一方で，ドイツからも自動
車が日本に輸出されている。日本とドイツの間では，リカード・モデルにお
ける労働生産性の差も小さく，生産要素の相対的な賦存量も大きな違いはな
い。何が，ドイツと日本の間の同一生産品目どうしの輸出入を生み出してい
るのだろうか。

　本節では，比較優位を理由としない貿易について，その理論的枠組みを解
説する。伝統的国際貿易理論（リカード・モデル，ヘクシャー=オリーン・モデ
ル）においては，2国間の生産技術（生産性）や生産要素賦存量の違いが貿
易利益の源泉であった。一方，2国間に違いはなくとも，収穫逓増（規模の経
済が働く）の産業であれば，貿易することにより効用を高めることができる，
という理論を提唱したのが，後にノーベル経済学賞を受賞したクルーグマン
（Paul Krugman）である。その理論は，伝統的貿易理論に対して，新貿易理論
と呼ばれている。表6-1は伝統的貿易理論と新貿易理論の違いをまとめた

表 6-1　伝統的貿易理論と新貿易理論のちがい

	貿易の源泉	理論モデル
比較優位	生産性の違いによる	リカード・モデル
	生産要素の相対的な賦存量の違いによる	ヘクシャー=オリーン・モデル
規模の経済	−	クルーグマン新貿易理論

ものである。

　最初に収穫逓増（規模の経済ともいう）について説明しよう。収穫逓増には，2種類ある。一つは，外部収穫逓増と呼ばれるもので，産業全体の生産量が増えた場合に，自分の工場の生産量が増えなくても，より低い単位あたりの生産費用で生産が可能になる。同種の財を生産する企業が近隣に集まることにより，企業間の情報交換がなされたり，同地域にその産業に特化した労働者が集積することで生産効率が上がったりすることによって，生産の平均費用が下がるのである。スイスの時計産業やカリフォルニアの情報通信（IT）産業，愛知県豊田市周辺の自動車産業，福井県鯖江市の眼鏡産業などが，その例である。

　もう一つは，内部収穫逓増と呼ばれるもので，自分の工場の生産量が増えれば，より低い単位あたりの生産費用で生産が可能になる。工場や機械などの固定費用が大きい場合，生産量が増えれば1単位あたりの固定費用（平均固定費用）は低くなる。同時に労働賃金などの変動費用の上昇があまり大きくなければ，平均固定費用と平均変動費用の和である平均総費用は下がっていく。**第3講のコラム3.1**で説明した規模の経済は，この内部収穫逓増のことである。

　この2つの収穫逓増の違いは，市場構造の違いを生み出す。外部収穫逓増産業では小さな工場でも他の工場より生産性が低い（平均費用が高い）ということはないため，多くの工場の市場参入が可能となり，完全競争市場になる。一方で，内部収穫逓増産業では大きな工場ほど単位あたり安く生産できるので，不完全競争市場（独占や寡占）になる。

6.2　新貿易理論の概要-------------------------

　本節では，新貿易理論について，生産費用と独占的競争市場の観点より詳述する。

　クルーグマンは，**Krugman**（1979, 1980）において，同一生産品目（同じ産業に分類される生産物）どうしの輸出入，つまり産業内貿易を説明する貿易理論を構築した。同理論は，生産面においては前講までの伝統的貿易理論において仮定されていた収穫一定ではなく内部収穫逓増産業を仮定する。消費面においては，消費量の増加だけではなく消費できる財の種類が増えるほど消費者の効用が高くなる（効用関数にバラエティ効果がある）と仮定し，また生産者と消費者が交わる市場においては，独占的競争市場（全く同一の品目を生産する無数の生産者が市場にいるのではなく，同種の品目だが少しずつ差別化された商品を販売する生産者が市場に参加している状態）を仮定する。

　第3講の**コラム3.1**でも説明したとおり，モノ（財）を生産するには，生産数量にかかわらず一定額かかる固定費用と，生産数量に応じて変動する変動費用という2つのタイプの費用がかかる。固定費用が存在するため，生産数量の増加にともなって，平均費用（生産数量1単位あたりの総費用）は低下していく。これが，各工場における規模の経済であり，内部収穫逓増を指す。固定費用が大きいほど生産数量の増加による費用の低下が大きい。

　次に，消費面におけるバラエティ効果について説明する。効用関数のバラエティ効果とは，消費者が同じ財（たとえば，アイスクリーム）を毎日1つ消費する場合に，毎日同じバニラアイスクリームを消費するよりも，ある日はチョコ，翌日はストロベリー，翌々日は抹茶といったように，さまざまな種類のアイスクリームを消費する方が，より効用を高めることができるということである。

　市場構造として仮定されている独占的競争市場とは，独占市場と完全競争市場の間に位置する市場構造である。独占市場のように，それぞれの生産者はそれぞれ特徴のある財（製品差別化された財という）を生産しているので，市場への影響力を持っている。しかし，財の特徴は異なるものの全く異なる

財ではなく，同種の財を提供する競争相手が無数にいるため，完全競争のように競争の度合いが非常に高い市場である。

　ここで自由貿易が実現した場合を考えてみよう。たとえば，2種類のお酒，ワインとビールについて考える。欧州共同体などによって貿易障壁がなくなりフランスとドイツの市場が統合されると，フランスのワイン生産者にとってはドイツの市場が加わった分だけ市場が大きくなり，ドイツのビール生産者にとってはフランスの市場が加わった分だけ市場が大きくなる。どちらの生産者の生産にも規模の経済が働くと仮定すると，生産数量が増えて1単位あたり安く製造できるようになる。一方で，フランスの消費者は自国のワインに加えてドイツ産のビールも楽しめるようになり，バラエティ効果により効用を高めることができる。このように，自由貿易によって生産者も消費者もともにメリットがある。

　つまり，クルーグマンの新貿易理論においては，規模の経済，独占的競争市場，および消費者が多くの種類を好む効用関数を有していることを仮定するだけで，自由貿易による利得が説明できる。繰り返しになるが，同理論では，比較優位は存在しない。

　次に，図を使って分析してみよう[1]。独占的競争市場で，各企業は同種だが少しずつ特徴の異なる差別化された財を生産しているが，すべての企業が同じ費用構造（同じ費用曲線）を有していて，同じ需要曲線に直面していると仮定する。まず，各企業の費用と生産者数との関係を考えよう。生産者数が増えれば，1生産者あたりが売れる数量は減ってしまう。一方，収穫逓増を仮定しているので，生産数量が減少すれば，各企業において生産1単位あたりの費用は増えてしまう。よって，生産者数と費用との関係は，右肩上がりの曲線となる。この関係を示したのが図6-1のCC曲線である。次に，生産者数と販売価格との関係を考える。生産者数が増えれば，競争が激しくなるため販売価格を安くせざるを得ない。よって，右肩下がりの曲線となる。この関係を示したのが図6-1のPP曲線である。図6-1は，横軸が生産者数

1　この図による分析は，図解が苦手な読者は読み飛ばしても構わない。ただし，この部分の説明は，**第14講**（自国市場効果と経済地理学）の素地となっているので，深く理解したい読者は学習することを薦める。

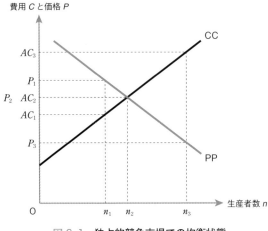

図6-1　独占的競争市場での均衡状態

n，縦軸が費用 C または価格 P である。ある時点で生産者数が n_1 であるとき，販売価格（P_1）が平均費用（AC_1）よりも高いので，利益が出る。利益がある産業には新規企業が参入してくる。一方で，生産者数が n_3 であると生産者は損失を被るので，一部の企業が市場から退出する。よって，生産者数が n_2，費用が AC_2，価格が P_2 のところで新規参入や退出がなく，均衡する。

　この均衡状態から，市場の規模が大きくなったときを考察する。図6-2に示されるように，市場の規模が大きくなると，同じ企業数 n では1生産者あたりの販売数量が増えるので，各企業において生産1単位あたりの費用は下がる。よって，CC 曲線は下方に移動し，新しい CC′曲線になる。すると新しい均衡点は，生産者数が n_2'，価格 P_2' ＝費用 AC_2' となる。価格は下がり，生産者数が増えている。

　2つの国が自給自足から自由貿易を始めれば，市場が大きくなる。その結果として生産者数が増え，また生産者ごとに商品の性質は違うため消費者が消費できる商品のバラエティが増える。市場が拡大すると，生産者にとっては規模の経済が働くので，生産費用が低下し，均衡市場価格が下がる。消費者は安い価格で多く消費できるようになり（＝購買力が高まる），より多くの

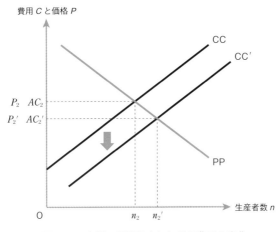

図 6-2　市場の規模拡大における費用の変化

種類の商品を消費できるようになることによって，効用が高まる。

　異なる産業に属する生産物の輸出入を産業間貿易と呼び，これはリカード
やヘクシャー＝オリーンのモデルに代表される比較優位の概念でうまく説明
できた。一方，同一産業に属する生産物の輸出入である産業内貿易の中でも，
製品差別化された同種の財を貿易しあうようなケースは，規模の経済性を取
り入れたクルーグマンの貿易モデルで説明できる。

　クルーグマンの新貿易理論は，ある重要な政治経済学的側面を説明してい
る。比較優位で説明される産業間貿易においては，それぞれの国全体の生産
や消費が拡大し，経済厚生は向上するが，それぞれの国内において勝者（利
益を得る主体）と敗者（利益を損なう主体）が生まれることを前講で学んだ。
たとえば，日本がすべての財について貿易自由化を進めれば，日本が比較優
位を持つ自動車産業にかかわる人々は所得の向上の恩恵を受けるが，日本の
養豚農家は海外から輸入される安価な豚肉との競争で，所得が減少してしま
う。また，養豚をあきらめて自動車産業に転身せざるを得ない人も出てくる。

　一方で，クルーグマンの新貿易理論が説明する産業内貿易は，同一産業内
の貿易であるため，貿易自由化の結果としての勝者と敗者，その結果として

の産業構造の変化という痛みをともなわない。よって，産業内貿易が多く見込まれる国どうし（特に先進国どうし）では，貿易自由化が進みやすいが，先進国と発展途上国の間のように産業内貿易よりも産業間貿易が多い国どうしの貿易自由化は進みにくい。実際，第二次世界大戦後，急速に貿易自由化を深化させた欧州連合などは先進国どうしの集まりである。

6.3　新貿易理論の実証

前節において，理論的枠組みを議論した。本節では，データを用いた実証分析を紹介する。

図6-3は産業間貿易の概念図で，シャツ（繊維縫製産業）と自動車（自動車産業）という異なる産業に分類される財の間での貿易を示している。たとえば，中国から日本へはシャツが輸出され，日本から中国へは自動車が輸出される。図6-4は，同一産業内の財が二国間で輸出入される場合だが，イタリアから日本へスポーツカーが輸出され，日本からイタリアへ大衆車が輸

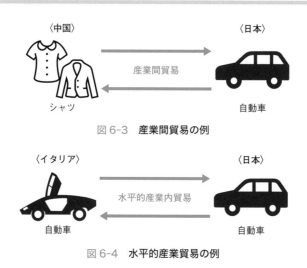

図6-3　産業間貿易の例

図6-4　水平的産業貿易の例

〈台湾〉　　　　　　　　　　　　　〈日本〉

組立

垂直的産業内貿易

自動車部品　　　　　　　　　　　自動車

図 6-5　　**垂直的産業内貿易の例**

出されるような例である。産業内貿易の中でも，このように同種だが差別化された最終製品である自動車が貿易される場合を水平的産業内貿易と呼んでいる。これが，前節で学んだクルーグマンの新貿易理論で説明されるタイプの産業内貿易だ。しかし，実はもう一つ，別のタイプの産業内貿易も存在する。図 6-5 のように，自動車部品と，最終製品である自動車とが輸出入されるようなパターンだ。たとえば，台湾から日本へ自動車部品が輸出され，日本から台湾へは最終製品である自動車が輸出されている。同じ輸送機械産業（自動車は輸送機械に分類されている）内の貿易ではあるが，生産工程において上流に位置する自動車部品とより下流に位置する最終製品としての自動車が輸出入されている，つまり，同一産業内ではあるものの異なる生産工程間における財の貿易ということで，垂直的産業内貿易と呼ばれている。

　垂直的産業内貿易は，クルーグマンの新貿易理論ではなく，ヘクシャー＝オリーン・モデルのような比較優位の原理で説明できる。同じ産業に属する財を生産するさまざまな工程のうち，労働集約的な工程は労働が豊富で賃金が安い国（多くの場合は途上国）に，資本集約的な工程は資本が豊富で資本価格が安い国に，そして，知識（技能・熟練）労働集約的な工程は知識（技能・熟練）労働が豊富で技術知識の水準が高い国（多くの場合は先進国）に配置される。さまざまな国に配置された工程間で，部品や中間財を輸出入しあい，最終的に完成品となるという工程間分業という生産パターンに密接に関連しているのが，垂直的産業内貿易だ。工程間分業については，**第 12 講**で詳しく学ぶ。

　産業内貿易の程度を示す指標として，最も広く用いられているのが，グ

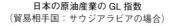

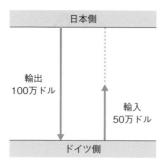
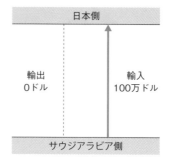

日本の自動車産業の GL 指数
（貿易相手国：ドイツの場合）

日本の原油産業の GL 指数
（貿易相手国：サウジアラビアの場合）

図 6-6　GL 指数の具体的な計算例

ルーベル=ロイド（Grubel-Lloyd）産業内貿易指数（以下，GL 指数と呼ぶ）である。同指数は以下のように定義される。

$$IITindex_k = 1 - \frac{|Ex_k - Im_k|}{Ex_k + Im_k}$$

　下添え字 k は産業 k を示しており，$IITindex_k$ は k 産業の産業内貿易（Intra-Industry Trade）指数，Ex_k は k 産業の輸出額，Im_k は k 産業の輸入額を示している。右辺の第 2 項（分数）は，当該産業 k の輸出額と輸入額の和（分母）に対する輸出額と輸入額の差の絶対値（分子）の比率になっており，輸出と輸入で重なっていない部分にあたる。輸出額と輸入額の大きさが近い（輸出と輸入が重複している）ほど，分子の値はゼロに近くなるため，この分数は，輸出入の重複していない部分の割合と解釈できる。そして，産業内貿易指数は，輸出入の重複していない部分の割合を 1 から引いたもの，つまり重複部分の割合であり，同一産業内での輸出入の割合となる。具体例を使って計算してみよう。図 6-6 の左図は，日本とドイツの間の自動車産業の場合を示している。日本はドイツに 100 万ドル輸出し，ドイツからは 50 万ドル輸入している。この場合の GL 指数は，$1 - \frac{|100-50|}{100+50} = \frac{2}{3}$ である。また，右図は，日本とサウジアラビアとの間の原油産業の貿易を示している。日本からサウジアラビアへの輸出は 0 ドルに対して，日本のサウジアラビアからの

表6-2 **GL指数（二国間）**

	日 本	中 国	韓 国	タ イ	アメリカ	ドイツ	フランス	メキシコ
日 本	—	0.668	0.643	0.658	0.459	0.661	0.540	0.424
中 国		—	0.610	0.699	0.369	0.660	0.491	0.353
韓 国			—	0.569	0.524	0.592	0.555	0.291
タ イ				—	0.493	0.665	0.524	0.368
アメリカ					—	0.517	0.464	0.490
ドイツ						—	0.707	0.602
フランス							—	0.578
メキシコ								—

（注） 表の数値は，上の GL 指数の式のとおり，各国の各産業について GL 指数を計算して
から，国レベルに集計したものである。
（出所） UN Comtrade, Standard International Trade Classification（SITC）2桁レベルの貿
易データ（2019年）より筆者作成

輸入は 100 万ドルであるので，GL 指数は，$1-\frac{|0-100|}{0+100}=0$ となる。重複する部分が全くない一方通行の貿易であるため，GL 指数は 0 になるわけである。

次に，実際のデータを使って GL 指数を確認してみよう。表 6-2 は，2019年における日本を含めた 8 か国間の GL 指数を示している。日本は，中国や韓国，タイ，ドイツとの GL 指数が高く，アメリカやメキシコとの数値は若干低い。メキシコについてみると，メキシコからの距離が遠いアジア諸国との GL 指数が低いことが読み取れる。また，ドイツとフランスは国境を接し，かつ欧州連合の加盟国であることより，同指数が高い。

図 6-7 は日本，中国，アメリカ，ドイツの対全世界の GL 指数がどのように推移してきたかを示している。1960 年代から 2019 年までの長期的な傾向としては産業内貿易の割合が上昇してきたことが読み取れる。

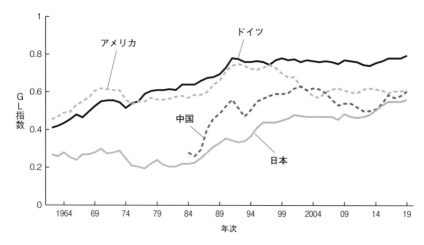

（出所）　UN Comtrade, Standard International Trade Classification（SITC）2 桁レベルの貿易デー
　　　　タより筆者作成

図 6-7　**GL 指数の推移（主要国における対世界貿易）**

6.4　ま と め

　本講では，前講までの伝統的な貿易理論とは異なり，比較優位がなくても
収穫逓増とバラエティ効果があれば貿易の利益があることを説明する新貿易
理論を学んだ。また，新貿易理論によって説明される産業内貿易について学
んだ。

■ Active Learning

《練習問題》・・

1.　伝統的貿易理論と新貿易理論の違いを説明しなさい。

2.　日本とカンボジア間の貿易と日本とタイ間の貿易の GL 指数は平均的にどちら

が高いと考えられるか。その理由とともに説明しなさい。

3. アメリカとカナダとの間の自由貿易協定である米加自由貿易協定よりも，アメリカとカナダにメキシコを加えた北米自由貿易協定の交渉が難航した。その理由を本講で学んだことから説明しなさい。

参 考 文 献

- Krugman, P. R.（1979）"Increasing Returns, Monopolistic Competition, and International Trade," *Journal of International Economics* 9(4):469-489. Reprinted in E. E. Leamer ed., *International Economics*（New York: Worth, 2001）
- Krugman, P. R.（1980）"Scale Economics, Product Differentiation, and the Pattern of Trade," *American Economic Review* 70(5): 950-959.

第7講 新新貿易理論
：企業の異質性と貿易

■これまで学んできた貿易理論では，貿易を行っている企業はごく少数で，ほとんどの企業は貿易を行っていないという事実を説明できていなかった。これを説明するため，「企業の異質性」を考慮した貿易モデルを学ぶ。

7.1 企業の異質性

第6講で，現実の国際貿易において多く行われている産業内貿易を説明するために，「新貿易理論」が登場したことを学んだ。一方，1990年代になると，パーソナル・コンピュータの普及により企業レベルの大規模なデータを手軽に分析することが可能となり，詳細なデータの分析から，さまざまな国際貿易の実態が明らかになってきた。同一産業に属する企業でも輸出している企業とそうでない企業があり，輸出している企業は実はかなり少ないことが多くの国の企業データから示されたのである。もし，生産技術や生産要素集約度が産業によって決まっており，同一産業に属する企業はすべて同じ生産技術・生産要素集約度のもとで生産していれば，比較優位産業に属する企業はどの企業も輸出できるはずである。しかし，現実に輸出している企業はごく一部の企業に限られているのはなぜだろうか。

この現実を説明するため，同一産業に属する企業でも，企業ごとに技術（生産性）は異なっており（「企業の異質性」という），生産性の高い少数の企業のみが輸出するという理論モデルが登場した。メリッツ（Marc Melitz）は，規模の経済性と製品差別化を考慮した独占的競争モデルに（ここまでは**第6講**で学んだクルーグマンのモデルと同様），企業の異質性を取り入れた理論モデ

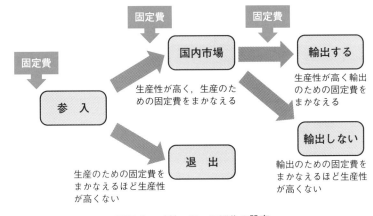

図7-1　メリッツ・モデルの設定

ルを構築した（Melitz, 2003）。企業の異質性を想定した上で，さらに輸出を
行うには輸送費用だけでなく輸出を開始するための固定費用もかかると考え
る。海外で製品を販売するには，どの国の市場で自社の商品が売れるかを調
査する必要があるし，輸出した製品を売ってくれる取引相手などを探す必要
もある。こうした探索費用や海外市場で製品の販売網を構築する費用は，販
売数量に比例して増える変動費用ではなく，販売数量の多少にかかわらず必
要な固定費用である。国内市場で販売するよりも海外市場に輸出し販売する
場合は，輸送費用もより高額になるが，情報の少ない外国の市場を開拓する
ために多くの固定費用がかかるだろう。メリッツは，生産性が高い企業のみ
が，輸出に必要な多額の固定費用をまかなうことができ，輸出できると考え
た。

　メリッツ・モデルでは，各企業は市場に参入してみて初めて，自分の生産
性が高いのか低いのかを知るという設定になっている。図7-1のように，
まず企業は国内市場に参入するための固定費を払って，市場に参入する。市
場に参入後，自分の生産性が十分に高いことがわかれば生産のための固定費
用（工場を建設したり大型機械設備を導入したりするための費用など）を払って
生産を開始し，国内市場に供給する。しかし，市場参入後，自分の生産性が

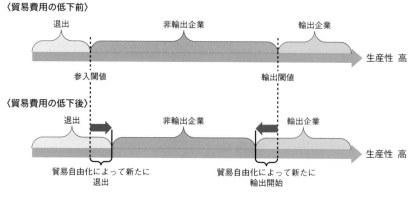

〈貿易費用の低下前〉

退出　　　　　　　　非輸出企業　　　　　　　　輸出企業

生産性　高

参入閾値　　　　　　　　　　　　輸出閾値

〈貿易費用の低下後〉

退出　　　　　　　　非輸出企業　　　　　　　　輸出企業

生産性　高

貿易自由化によって新たに　　　　貿易自由化によって新たに
退出　　　　　　　　　　　　　輸出開始

図 7-2　生産性と企業の国際化

十分に高くないことを知った企業は市場から退出する。さらに海外市場に参入する固定費用もまかなえるほど生産性の高い企業は，輸出を開始し海外市場にも供給する。つまり，同一産業内の企業を生産性の高さの順番に並べてみると，図 7-2 の〈貿易費用の低下前〉のように，生産性の低い企業は国内市場から退出，中程度の生産性の企業は国内市場にのみ供給し輸出はしない非輸出企業となり，生産性の高い企業は輸出企業となり国内市場にも海外市場にも供給する。

　では，貿易自由化が進展して貿易障壁が低下し，輸送費用や輸出開始の固定費用など，貿易に関するさまざまな費用が下がった場合，何が起きるだろうか。輸出が容易になるため，これまでは輸出できなかった生産性の低い企業の一部は輸出を開始できるようになる。つまり，図 7-2 の〈貿易費用の低下後〉のように，輸出開始できる最低の生産性水準（輸出閾値）が下がり，輸出企業が増える。メリッツ・モデルでは，輸出開始に必要な固定費用を払って輸出を開始すれば，海外市場への輸出を増やすほど企業の利潤は大きくなっていくと想定される。そのため，輸出する企業が増えると，それら企業は輸出用に国内生産量を増やすので，より多くの労働者を雇用しようとする。これが国内労働市場の需給を逼迫させ，十分な賃金を支払えない生産性

の低い企業は必要な労働者を確保できず市場から退出することになる。また，貿易自由化の進展は，通常，自国企業のみならず外国企業にとっての貿易費用も低下させるため，外国からの輸入も増え，国内の生産物市場の競争が激化する。労働市場における需給の逼迫と，生産物市場の競争激化により，市場にとどまることができる最低の生産性水準（参入閾値）が上がり，市場から退出することになる企業が増える。

図7-2の〈貿易費用の低下後〉のように，貿易自由化が進展すると，比較的生産性が高い企業のみが市場で生き残ることができ，生産性の低い企業は退出する。そのため，市場にとどまっている企業の平均的な生産性は，貿易自由化の進展前よりも自由化進展後の方が高くなる。

7.2　メリッツ・モデルにおける貿易の利益·····

では，メリッツ・モデルにおいて，何を「貿易の利益」と解釈するのだろうか。伝統的な貿易理論では，各国が比較優位のある産業の生産に特化していくことにより世界全体の生産が増え消費も増えることを「貿易の利益」と考えた。第6講で説明した「新貿易理論」では，1つの企業がある種の財の生産を増やして規模の経済を享受することによる生産費用の低下と，各企業が差別化された多様な財を生産するために消費可能な製品種類が拡大して消費者の効用が上昇すること（バラエティ効果と呼んだ）を貿易の利益と考える。

メリッツ・モデルの場合，生産性の低い企業が退出し，相対的に生産性の高い企業のみが生き残るので，労働市場に摩擦がなければ，低生産性企業から高生産性企業へ労働者（資源）の再配分が起こる。そして，生き残った企業の平均的な生産性は，以前よりも高くなる。つまり，メリッツ・モデルの「貿易の利益」は，低生産性企業から高生産性企業への資源再配分を通じて，産業全体の生産性を向上させることと解釈できる。高生産性の企業，つまり，より安い費用で生産し高い利潤をあげる企業が生き残るため，こうした企業に労働者が集まり，労働者の平均賃金も上昇すると期待される。また，外国企業からの輸入も増えることにより，「新貿易理論」の帰結と同様に消費者

表 7-1　伝統的貿易理論と新貿易理論，新新貿易理論の比較

貿易理論	貿易利益の源泉
伝統的貿易理論	比較優位に従った特化 ⇒ 生産量・消費量の増加
新貿易理論	規模の経済による生産費用低下と，消費可能な製品種類の拡大による消費者の効用上昇
新新貿易理論	低生産性企業から高生産性企業への資源の再配分による産業全体の生産性上昇

（出所）　田中（2015）表2.1に筆者加筆

が消費できる製品種類が拡大して消費者の効用が上昇し，経済厚生が上がる。

　このメリッツの貿易モデルは，「企業の異質性モデル」ないし「新新貿易理論」とも呼ばれ，現在，多くの理論・実証研究の基礎になっている。国際貿易だけでなく，海外直接投資や外国企業へのアウトソーシング（生産委託・外部調達）など，さまざまな企業の国際的な事業活動を説明する研究に応用されている。メリッツの新新貿易理論は，表7-1のように，資源の再配分を通じた生産性の上昇という新たな貿易利益を示したのである。

7.3　メリッツ・モデルの現実妥当性------------

　メリッツ・モデルを基礎にして世界中で膨大な数の実証研究が行われてきたが，輸出などを行って国際化している企業は，そうでない企業に比べて生産性やその他のパフォーマンス指標において優れていることが確認されている。たとえば，表7-2は，非輸出企業と比べた輸出企業の相対的なパフォーマンスについて，各国の研究結果をまとめたものである。各国の研究で利用されたデータは，調査対象企業の規模や産業などが必ずしも各国で一致しないので，単純な国際比較はできないことに注意しなければならない。しかし，大まかな傾向として，どの国においても輸出企業はほとんどすべてのパフォーマンス指標において非輸出企業よりも優れている。日本企業につ

表 7-2　非輸出企業と比べた輸出企業の相対的パフォーマンス（2003 年）

	雇用者数	付加価値	賃　金	資本集約度	技能集約度	労働生産性
日　本	3.02	5.22	1.25	1.29	1.58	1.37
ドイツ	2.99		1.02			
フランス	2.24	2.68	1.09	1.49		1.31
イギリス	1.01	1.29	1.15			
イタリア	2.42	2.14	1.07	1.01	1.25	
ハンガリー	5.31	13.53	1.44	0.79		
ベルギー	9.16	14.80	1.26	1.04		
ノルウェー	6.11	7.95	1.08	1.01		

（注）　ベルギーとノルウェーは全製造業企業のデータから算出されているが，他の国々につい
　　ては比較的規模の大きな企業のみのデータから算出されている。日本については，従業者数
　　50 人以上の製造業企業のデータに基づいた数値である。
（出所）　若杉編（2011）表 1-5，表 1-6，Mayer and Ottaviano（2008）Table 4, 5

　いてみると，調査対象企業のうち，輸出企業は，非輸出企業よりも平均的に
3 倍の数の労働者を雇用し，5 倍を超える付加価値を産み出すなど規模が大
きい。また，賃金は約 25％高く，労働生産性も約 37％高い。

　また，これまでの多くの研究で，もともと生産性の高い企業が輸出を開始
する確率が高いことが示されており，メリッツ・モデルの妥当性は広く認め
られているといえるだろう。また，多くの研究で，輸出や輸入の比率が高く
貿易の開放度が高い産業では生産性が高い傾向も確認されている。これは，
貿易自由化の進展が産業の平均的な生産性を上げるというメリッツ・モデル
の予想と整合的といえそうである。

　しかし，低生産性企業から高生産性企業へ資源の再配分が十分に機能して
いるといえるかどうかは疑問である。国内外の研究によると，世界のさまざ
まな国で，同一産業内の高生産性企業と低生産性企業の生産性格差は拡大傾
向にあり，労働者間の賃金格差も拡大傾向がみられるという。生産性格差拡
大の理由の一つとして，低生産性企業が何らかの理由で市場から退出せず生
き残っているからだとの主張もある。市場が十分に機能せず，本来退出すべ
き低生産性企業に資本や労働などの資源が投入され続け，低生産性企業が生
き残っていることが，貿易自由化の恩恵を受けて市場を海外に拡大し生産や

利潤を増加させている高生産性企業との格差拡大につながっているのかもしれない。

　また，メリッツ・モデルは，労働市場は完全で失業は生じないと仮定しているのだが，現実には，メリッツ・モデルが想定するほどスムーズに資源の再配分は進まないのかもしれない。実際，雇用されていた企業が廃業しても，すぐ簡単に他の企業に転職できない労働者も多い。たとえば，転職のためには，住み慣れた街から引っ越さなければならないかもしれないし，新しい知識や技能を身に付ける必要もあるかもしれないからだ。また，企業側も労働者の能力を調べ，自社の欲しい人材を雇用するためには追加的な費用を支払わなければならないだろう。メリッツ・モデルは，労働者の能力は均一と仮定しており，労働者間の賃金格差の拡大を説明できない。そこで，ヘルプマン（Elhanan Helpman）らは，企業の生産性だけでなく，労働者の能力もさまざまであると仮定してメリッツ・モデルを拡張し，貿易と賃金格差の関係を分析した（Helpman et al., 2010）。

　ヘルプマンらは，能力のある労働者を見つけるためには探索費用（search cost）と審査費用（screening cost）が必要で，そうした費用を負担できるのは生産性の高い企業であると想定する。生産性の高い企業は，こうした費用を払って能力の高い労働者を雇用するため，さらに生産性も上がり，より高い賃金を支払うことになる。言い換えれば，能力の高い労働者はより生産性の高い企業に雇用され，より高い賃金を得られるが，能力の低い労働者は低生産性企業にしか雇用されず，賃金も低いという状況が生まれる。さらに，生産性の高い企業は国際化し，生産も収益も増やし，さらに高い賃金を支払うことができるのである。

　貿易自由化が進展しても，低生産性企業が退出せず，労働者が低生産性企業から高生産性企業に移動しない（または移動できない）結果，賃金の低い低生産性企業に雇用されている労働者と，賃金の高い高生産性企業に雇用されている労働者との賃金格差が拡大しているのではないかとも考えられている。実際に，国際化できるほど生産性が高くなく，高い賃金を支払うことも難しいが市場に残っている企業や，こうした企業に雇用されている労働者など，グローバル化の恩恵を実感できていない企業や労働者も多く存在している。

こうした問題意識から，貿易自由化が生産性格差，賃金格差を拡大させたのかどうかについては世界のさまざまな国のデータを利用して活発に研究されている。ただし，生産性格差や賃金格差については，貿易自由化の要因のみならず，技術進歩の要因も指摘されており，貿易自由化の影響のみを取り出して評価するのは難しい。情報通信技術の進歩は，さまざまな生産工程を国境を越えて配置することを容易にした。輸出だけでなく海外でも生産活動を拡大してさらに生産性を向上させる企業と，国内生産にとどまらざるを得ない企業との差も顕在化している。海外でも活動する企業を多国籍企業というが，多国籍企業と，それらを中心に展開される国境を越えた生産活動や供給網については，**第12講**以降で詳しく説明する。

7.4　ま　と　め--

貿易理論は，産業間の貿易を説明する伝統的な貿易理論から，産業内貿易を説明する新貿易理論へと進展してきた。しかし，現実には国際貿易はごく少数の企業によって担われており，ほとんどの企業は貿易を行っていないという事実を説明できていなかった。

そこで登場したのが，同一産業内の企業でもその生産性が異なる，つまり「企業の異質性」を考慮したメリッツの貿易モデル（「新新貿易理論」）である。

メリッツは，輸出を行うには輸送費用に加えて固定費用も支払う必要があり，十分に生産性の高い企業のみが固定費用を払って輸出できると考えた。さらに，貿易自由化が進展すると，輸出にかかる固定費用が下がって，比較的生産性の高い企業は新たに輸出を開始し，外国市場に供給するために生産を増やす。すると国内の労働需給が逼迫して賃金水準が上がる一方，貿易自由化によって外国からの輸入品との競争も激化するため，低生産性企業は退出を迫られることになる。

こうして，貿易自由化は，低生産性企業から高生産性企業への資源再配分を通じて，産業全体の生産性を向上させると予想され，新新貿易理論は「資源再配分を通じた生産性の上昇」という新たな貿易の利益を示したのである。

　7.3節で述べたように，輸出などを行って国際化している企業は，国内市場のみにとどまる企業よりも生産性や賃金などのさまざまな指標でみてパフォーマンスが優れていることが確認されている。**第12講**で多国籍企業について説明するが，海外に生産や販売の拠点を持ち国際展開している企業も，国内にとどまる企業よりもパフォーマンスが優れていることも広く知られている。

　なぜ国際化している企業のパフォーマンスが優れているのか？　メリッツ・モデルが想定しているように，もともと生産性が高い企業が国際化しているからだ（「自己選択効果」と呼ばれる）という実証分析結果も数多く示されている（Bernard and Jensen（1999）の先駆的研究に続き，国内外で膨大な数の実証研究がある）。

(a)　輸出開始企業と非開始企業

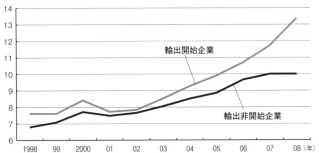

(b)　対外直接投資開始企業と非開始企業

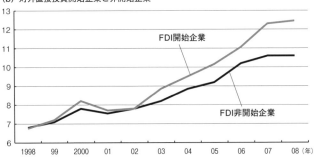

　（注）　縦軸は労働生産性の対数値。労働生産性＝付加価値額 ÷ 常時従業者数。
　　　　　2001年に輸出または直接投資を開始した企業と非開始企業との生産性推移
　　　　　を比較している。
　（資料）　経済産業省「企業活動基本調査」から作成。
　（出所）　経済産業省「平成24年（2012年）版　通商白書」第3-1-3-3図

図7-3　**生産性の推移**

一方，輸出を開始した後に，海外市場のニーズや情報を獲得したり，外国企業との競争を通じて学習したりして，生産性が向上するケースもあると指摘されてきた（「学習効果」と呼ばれる）。しかし，学習効果が存在するかどうかについては，実証分析結果がまちまちで，必ずしもすべての企業が輸出や直接投資を開始すれば生産性が向上するというわけではない。たとえば，カナダの工場のデータを使った Lileeva and Trefler（2010）の研究によれば，輸出開始にともない，品質改善等のための投資（物的・人的投資）を行うことを通じて輸出の生産性向上効果が顕著にみられるという。つまり，単に輸出や海外市場に進出すれば自然と学習効果を得られるというわけではなく，海外市場で生き残っていくための投資をすることによって学習効果が得られることを示唆している。

　日本企業についての研究では，輸出や海外進出による学習効果を支持する結果が多く提出されている（Kimura and Kiyota（2006）や Todo（2011）など）。経済産業省が毎年発表している「通商白書」の平成 24 年（2012 年）版でも，輸出や対外直接投資を開始した企業の方が生産性の伸びが高いことを論じている（図 7-3）。また，戸堂（2011）は，日本には比較的生産性が高いのに国際展開していない（できていない）企業が多く存在していることを指摘し，これら企業を（「臥龍企業」）と呼んでいる。こうした企業は国際展開することにより，さらに生産性を向上させられる可能性が高く，企業の国際展開を推進する必要があるといえるだろう。

●コラム参考文献

・戸堂康之（2011）『日本経済の底力：臥龍が目覚めるとき』中公新書，中央公論新社。

・Bernard, A. B., and J. B. Jensen（1999）"Exceptional Exporter Performance: Cause, Effect, or Both?" *Journal of International Economics* 47(1): 1-26.

・Kimura, F. and K. Kiyota（2006）"Exports, FDI, and Productivity: Dynamic Evidence from Japanese Firms," *Review of World Economics* 142(4): 695-719.

・Lileeva, A. and D. Trefler（2010）"Improved Access to Foreign Markets Raises Plant-Level Productivity," *The Quarterly Journal of Economics* 125(3): 1051-1099.

・Todo, Y.（2011）"Quantitative Evaluation of the Determinants of Export and FDI: Firm-Level Evidence from Japan," *The World Economy* 34(3): 355-381.

《練習問題》・・・

1. 伝統的な貿易理論と，新貿易理論，新新貿易理論の主な違いを説明しなさい。
2. 新新貿易理論に基づいて，輸出している企業の生産性は輸出していない企業の生産性よりも高いことを説明しなさい。
3. 新新貿易理論が期待するような資源の再配分が十分に機能していないとすれば，その原因としてどのようなことが挙げられるか？

参 考 文 献

●田中鮎夢（2015）『新々貿易理論とは何か：企業の異質性と 21 世紀の国際経済』ミネルヴァ書房。
●若杉隆平編（2011）『現代日本企業の国際化：パネルデータ分析』岩波書店。
●Helpman, E., O. Itskhoki, and S. J. Redding（2010）"Inequality and Unemployment in a Global Economy," *Econometrica* 78(4): 1239-1283.
●Mayer, T., and G. I. P. Ottaviano（2008）"The Happy Few: The Internationalisation of European Firms," *Intereconomics* 43(3): 135-148.
●Melitz, M. J.（2003）"The Impact of Trade on Intra-Industry Reallocations and Aggregate Industry Productivity," *Econometrica* 71(6): 1695-1725.

第8講
貿易政策 1
: 関税とその効果

■これまで，閉鎖経済と自由貿易とを比較することによって，なぜ貿易が行われるのかを考えてきた。しかし，現実に，どの程度貿易の障壁を取り除いて自由化するかは，各国政府によって実施される国境措置によって決まる。そこで本講では輸入関税を中心に貿易政策について学ぶ。

8.1　貿易政策の種類

　まず，代表的な貿易政策を確認しておこう。貿易には輸入と輸出があるので，貿易政策にも輸入に対して課すものと，輸出に対して課すものがある（表8-1）。

　貿易政策の中で最も代表的なものは関税（Tariff）である。これは海外から自国に入ってくる財に税金を課す政策で，関税額の決まり方によって，従量

表 8-1　代表的な貿易政策

輸入に対する政策	輸出に対する政策
● （輸入）関税	● 輸出税
・従量関税	● 輸出自主規制
・従価関税	
● 非関税障壁	
・輸入割当	
・検疫	
・規格検査	

関税と従価関税とがある。従量関税は輸入財 1 単位に対して t 円の税を課すという関税であり，従価関税は輸入財 1 単位に対して，その価格の τ ％の額を税として課すという関税である。なお，この 2 つを組み合わせた混合税などもある[1]。輸入者は，輸入国政府に関税を支払わないといけないため，輸入品を販売して利益を確保するためには関税分を販売価格に転嫁することになる。関税を課すことで，輸入品の価格に関税が上乗せされるため，国内市場価格が上昇して国内消費量が減る。また，国内市場価格の上昇によって国内生産量が増える。これらによって輸入量が減少する。

　関税以外に輸入を制限する政策として非関税障壁がある。関税が価格の上昇によって結果的に輸入を減らす政策であるのに対して，輸入割当は，輸入できる量の上限を直接定めてしまうことで輸入量を規制する政策である。検疫や規格検査も非関税障壁になりうる。これらを強化すると輸入のための費用が上昇したり，消費者の手元に届くまでにより時間がかかったりするため，輸入が減少する。

　一方，輸出に対して課す政策としては輸出税と輸出自主規制がある。輸出税は，企業が財を輸出する際に，輸出国側の政府が企業から税金を徴収する政策である。これによって輸出から得られる利益が減少するので，輸出量は減少することになる。また，輸出自主規制は，その名のとおり輸出国側が自主的に輸出量を制限する政策である。

8.2　関税率の推移と国際比較--------------------

　代表的な貿易政策である関税について，日本におけるその水準の推移を確認しておこう。図 8-1 は 1988 年から 2020 年までの平均実行関税率を示している[2]。一時的に高まっている時期もあるが，基本的には 1988 年の 4.12％

1　税関（Japan Customs）のウェブサイトにおける「関税のしくみ（https://www.customs. go.jp/shiryo/kanzei_shikumi.htm）」が詳しい。
2　ここでの「平均」は貿易量を用いた「加重平均」である。この平均の場合は輸入額の多い品目の関税率はこの値に強く影響し，逆に輸入額の少ない品目の関税率はあまり影響しない。

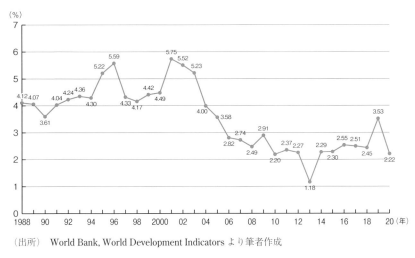

(%)

(出所) World Bank, World Development Indicators より筆者作成

図 8-1　日本の平均実行関税率の推移

から 2020 年の 2.22％へ向けて徐々に低下している[3]。

　図 8-2 は 2020 年における関税率の国際比較である。日本は全品目の平均ではアメリカよりも高く EU よりも低い水準であるが，非農産品ではこれら 2 つの国・地域よりも低い水準である。全品目の関税率が非農産品の関税率を大きく上回っていることは，農産品の関税率が非農産品の関税率よりも顕著に高いことを意味している。韓国にも同様の傾向が見られるが，日本よりも全品目の平均関税率がかなり高い。一方，豪州やブラジル，アルゼンチンでは逆に非農産品の関税率の方が高い傾向がみられる。シンガポールや香港のように関税率が 0 の国や地域も存在する。

3　なおこの期間の関税率の低下はそれほど大きくないが，これ以前の期間（第二次世界大戦以降）には非常に大きな関税率の低下があった。

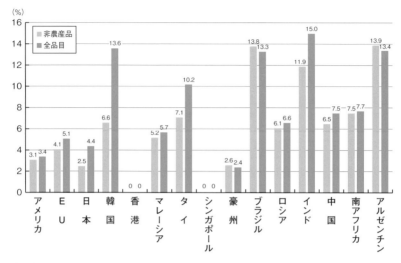

（出所）　WTO データベースより筆者作成

図 8-2　**主要国の実行関税率の比較（2020 年）**

関税の効果（部分均衡分析）--------------------

　次に輸入関税の効果を学ぶが，まず，分析のためのツールを確認しよう。リカード・モデルやヘクシャー=オリーン・モデル（HO モデル）では同時に2つの財を考えたが，以下では1つの財だけに着目する。他の財の市場は変化しないとし，1つの財の市場だけに着目する分析は部分均衡分析と呼ばれる。**第4講**のリカード・モデルや**第5講**の HO モデルで用いた一般均衡分析[4] の図では縦軸と横軸は2つの財の数量であったが，部分均衡分析の図では縦軸は財の価格，横軸は財の数量となる。**第3講**の図3-1のような，いわゆる需要と供給の図を使って分析する。以下ではこの部分均衡分析を用いて，貿易政策として関税が課せられた場合の影響を学ぶ。

4　1つの財の市場だけに着目に対して，すべての市場を同時に考える分析は一般均衡分析と呼ばれる。**第3講**を参照のこと。

■ 閉鎖経済における均衡

関税の効果を考える前に，まずは閉鎖経済における均衡と経済厚生を部分均衡分析の枠組みで確認しよう。

需要と供給がそれぞれ図 8-3 のような需要曲線と供給曲線によって表現されると，閉鎖経済における均衡は需要量と供給量が一致している図の点 e で決まり，均衡価格と均衡取引量はそれぞれ P^a と Q^a となる。なお閉鎖経済は自給自足経済（Autarky）であるので，「a」という添え字を付してある。

このときの経済厚生（総余剰）は△ aeb となり，これは消費者余剰△ aec と生産者余剰△ bec から成る。需要曲線上の点は消費者が財を購入するために支払ってもよいと考える最高額（支払い意志額＝**第 3 講**で「留保価格」と呼んだ）を表しているので，財が 1 単位購入・消費されるごとに留保価格と均衡価格との差だけ消費者には得（＝余剰）が発生する。価格が P^a のときに生じる全取引から得られる消費者の余剰の総量が消費者余剰△ aec である。一方，供給曲線上の点はその財を 1 単位追加的に生産するのにかかる費用（限界費用）を表しているので，財が 1 単位生産・販売されるごとに均衡価格と限界費用との差だけ生産者には利益（＝余剰）が発生する。価格 P^a で

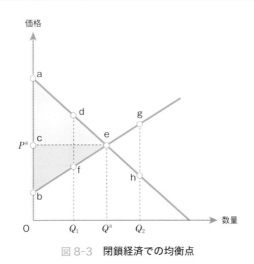

図 8-3　**閉鎖経済での均衡点**

生じる全取引から得られる生産者の余剰の総量が生産者余剰△ bec である。

この均衡は最適（効率的）であり，取引量 Q^a はこの経済にとって最適な取引量であるので，閉鎖経済ではこの総余剰を超える余剰を実現することはできない。なぜならば Q^a 以外の取引量が実現すると，取引量を減らすにしても増やすにしても，どちらにせよ総余剰が減少してしまうからである。たとえば Q^a よりも少ない取引量 Q_1 が実現すると，総余剰は△ aeb より△ def だけ小さくなってしまうし，Q^a よりも多い取引量 Q_2 が実現すると，やはり総余剰は△ aeb より△ egh だけ小さくなってしまうからである。

■ 自由貿易における均衡

次に自由貿易における均衡と経済厚生を考えよう。ある国がある財を，世界市場（その国以外のすべての市場をまとめたもの）から閉鎖経済時の均衡価格 P^a より低い P^w で輸入できるとする。このときの様子を表したものが図8-4である。価格 P^w で輸入することができるのであれば，それより高い価格で国内生産者から消費者が財を購入する必要はないので，この国の国内価格は P^w まで低下する。したがって，国内需要量は D^{free} まで増加し，国内生

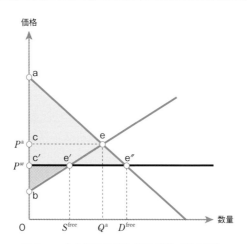

図8-4　自由貿易均衡と貿易利益（輸入国）

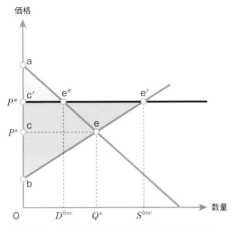

図 8-5　自由貿易均衡と貿易利益（輸出国）

産量は S^{free} に減少，その差が自由貿易時のこの国の輸入量となる。

　このときの経済厚生はどうなっているであろうか。直面する価格の低下により消費者余剰は△ aec から△ ae″c′ に拡大し，生産者余剰は△ bec から△ be′c′ に縮小している。この消費者余剰△ ae″c′ と生産者余剰△ be′c′ を合計したものが自由貿易時の総余剰になるので，その総余剰を閉鎖経済時の総余剰△ aeb と比較すると，△ ee″e′ だけ総余剰が増加していることがわかる。部分均衡分析においては，輸入国の貿易利益はこのように説明され，貿易利益は△ ee″e′ である。

　逆に，ある国がある財を，閉鎖経済時の均衡価格より高い P^w で世界市場へ輸出できるとき，貿易は経済厚生にどのような影響を及ぼすだろうか。その様子を表したものが図 8-5 である。価格 P^w で輸出することができるのであれば，それ以下の価格で生産者が国内消費者へ財を販売する必要はないので，結果的に消費者が財を購入するために支払わなければならない金額も P^w まで上昇することになり，この国の国内価格もやはり P^w となる。したがって，国内生産量は S^{free} まで増加し，国内需要量は D^{free} まで減少，その差が輸出量となる。経済厚生は，直面する価格の上昇により消費者余剰が△

aec から △ ae″c′ に縮小し，生産者余剰は △ bec から △ be′c′ に拡大している。この消費者余剰 △ ae″c′ と生産者余剰 △ be′c′ を合計したものが自由貿易時の総余剰になる。その総余剰を閉鎖経済時の総余剰 △ aeb と比較すると，輸入国のケースと同様にやはり △ ee′e″ だけ総余剰が増加していることがわかる。これが輸出国の貿易利益である。

　このように部分均衡分析を用いると，閉鎖経済から自由貿易への移行によってもたらされる貿易利益を簡潔に図示し，理解することができる。また，貿易自由化が消費者と生産者という 2 つの経済主体の間に異なる影響をもたらすという重要な結果も示すことができる。

　実は，ここではある重要な仮定をおいて自由貿易の利益を説明していた。その仮定とは，「当該国が世界市場で成立している価格に影響を与えることなく好きなだけ輸出入できる」というものである。通常は市場に買い手が増えれば価格は上昇するし，市場に売り手が増えれば価格は低下するが，ここでは当該国の規模が世界市場に比べて非常に小さい状況を考えて，この国の輸出入の増減は世界市場における価格に影響を与えないとしているのである。あらかじめ世界市場で決まっている価格（国際価格）で，好きなだけ輸出入ができるというこの仮定は，小国の仮定と呼ばれる。

■ 関税賦課の効果

　前項では関税賦課の説明に先立ち，政府が貿易に介入しない自由貿易とその効果を考えた。いよいよ本項では関税とその経済厚生への影響を学ぶ。政府が輸入に関税を賦課すると経済厚生にどのような変化が生じるであろうか。なお，しばらくは小国の仮定を維持する。

　8.1 節で述べたように，主たる関税の課し方としては従量税と従価税が存在するが，本項では従量税のケースを取り上げる。輸入国の政府が 1 単位の財の輸入に t だけの関税を課すと何が起きるだろうか。まず理解しなければならないことは，関税賦課によって，世界市場における価格と当該国の国内価格との間に関税分だけの乖離が生じるということだ。つまり世界市場における価格が P^w であれば，当該国の国内価格は必ず $P^w + t$ となる[5]。この国内

5　従価関税を τ ％だけ課した場合は，国内価格は $\left(1 + \dfrac{\tau}{100}\right) P^w$ へ上昇する。

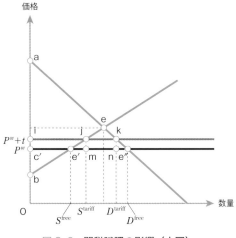

図8-6　関税賦課の影響（小国）

価格の上昇によって国内需要量が減少し，消費者余剰が縮小する一方で，国内生産量は増加し，生産者余剰が拡大する。結果として，輸入量は図8-6の「$D^{\text{free}} - S^{\text{free}}$」から「$D^{\text{tariff}} - S^{\text{tariff}}$」へと減少する。

　図8-6で，国内価格が$P^w + t$のとき，消費者余剰は△aki，生産者余剰は△bji であるが，このケースでの余剰はこれらだけではない。なぜなら，第3の経済主体として政府も存在するからだ。政府の余剰は関税収入（1単位あたりの関税額×輸入量）であり，□jknm が総余剰に加わることになる。したがって消費者余剰，生産者余剰，そして政府の余剰である関税収入の3つを合計したものが関税賦課時の総余剰となる。

　この総余剰を自由貿易時の総余剰（△ae″c′ + △be′c′）と比べると，関税賦課によって△e′jm と△e″kn という2つの領域が総余剰から消失していることがわかる。したがって小国の関税の賦課は当該国の総余剰に対して負の影響を与える。関税は生産者余剰の拡大と関税収入の発生という効果を持つが，小国の場合，それら2つを合わせたものよりも消費者余剰の減少の方が必ず大きいのである。

　なお，ここでの総余剰の減少分は死荷重（DWL）と呼ばれる[6]。図の右側

の損失（△ e″kn）は消費の減少に起因し（消費の歪みによる損失），左側の損失（△ e′jm）は生産の増加に起因している（生産の歪みによる損失）。前者は消費量が減っているので損失であることは明白であるが，後者の方は少し理解しにくいかもしれない。関税の負荷によって国内生産量が増加しているが，この増加分は本来輸入すれば1つあたり P^w で手に入れることができたものである。それにもかかわらず輸入価格よりも高い（限界）費用で生産することから損失が発生しているのである。

図8-6からもわかるように，たとえ関税を賦課していても閉鎖経済時の総余剰にあたる大きさ（△ aeb）は常に確保できている。したがって関税賦課によって実現する総余剰は，閉鎖経済時の総余剰と自由貿易時の総余剰との間の水準になる。関税率を引き下げていけば，総余剰は自由貿易時の水準に近づいていく。逆に関税率を引き上げていけば，総余剰は閉鎖経済時の水準に近づいていき，貿易量がちょうどゼロになるような関税（禁止的関税と呼ばれる）を課したとき，死荷重は自由貿易時の貿易利益と同じ大きさになる。このように小国の場合，関税を賦課したときの経済厚生は，自由貿易時の経済厚生を上回ることはない。しかし，大国の場合はどうなるであろうか。次に大国の場合を考えよう。

■ 大国と輸入関税

これまでの小国の仮定を外して，当該国の輸出入が世界市場における価格に影響を及ぼす場合を考えよう。輸入関税の効果はどのように変化するだろうか。まず関税賦課の世界市場における価格への影響を考えよう。先にも述べたように，世界市場でどのような国際価格がついていても，関税を課すと当該国の国内価格は自由貿易時よりも上昇し，国内需要が減少する。大国は国内需要が大きいので，大国の国内需要の減少は世界市場における需要の減少につながる。つまり，どのような国際価格においても当該国の需要の減少分だけ世界市場における需要が減少してしまう（図8-7の需要曲線が左へシフト）。需要が減少する結果，世界市場における均衡価格は低下する。より

---

6 死荷重については**第3講**でも簡単に解説したが，ミクロ経済学の独占の弊害や課税の効果などの説明においても，社会的な損失を表すものとして出てくるものである。

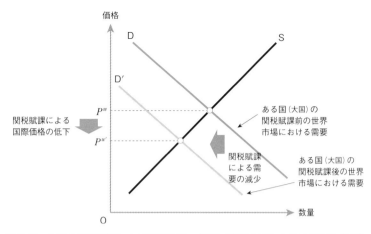

図 8-7　大国の関税賦課による国際価格の低下（世界市場における需要と供給）

高い関税を課したときは国内価格の上昇が大きいので，需要の減少も大きい。
また世界市場の規模に対する当該国の市場の規模がより大きいときも世界市
場での需要の減少は大きい。需要の減少が大きければ，均衡価格は当然大き
く低下する。

　この世界市場における均衡価格の低下は，関税を課した当該国にとっては
輸入財の価格の低下となるので望ましい変化である。一般に「輸出財の価格
/ 輸入財の価格」のことを交易条件（Terms of Trade）と呼ぶが，大国は輸入
に関税を賦課することにより，自らの交易条件を改善することができるので
ある [7]。大国の関税賦課の効果全体は，図 8-6 で述べた関税賦課の影響（2 つ
の損失）に，この交易条件の改善から生じる利益を足し合わせたものになる。
交易条件の改善から生じる利益の有無が，小国のケースと大国のケースとの
違いである。これを図 8-8 で詳しく説明しよう。

　関税 t の賦課により，国際価格は P^w から $P^{w'}$ へと低下する。したがって

---

[7]　交易条件とは，式からわかるように，輸出によって稼いだおカネ（輸出品の価格）で，どれ
だけ輸入できるかを示している。輸入品の価格が下がれば，分母が小さくなるため，交易条件の
値は大きくなる。自国の輸出品の価格が変わらず，輸入品の価格が下がれば，輸出で稼いだおカ
ネで，より多くの輸入品を購入できることになるため，交易条件が改善するといえる。

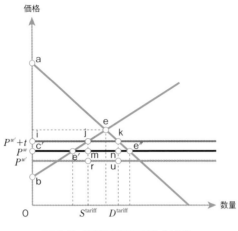

価格

$P^{w'}+t$
P^w
$P^{w'}$

数量

S^{tariff} D^{tariff}

図8-8　関税賦課の影響（大国）

関税 t を課した当該国の国内価格の上昇幅は，t よりも小さい「$(P^{w'}+t)$ $-$ P^w」にしかならない[8]。言い換えると，元の国際価格 P^w に関税が加わった (P^w+t) よりも，$(P^{w'}+t)$ の方が低い価格である。とはいえ，国内価格は自由貿易時よりも上昇しているので，消費量は減少し，国内生産量は増加するため，輸入量は線分 e′e″ から線分 jk へと減少する。よって消費者余剰は△ ae″c′ から△ aki へと減少し，生産者余剰は△ be′c′ から△ bji へと増加する。そして関税収入であるが，このケースにおける関税収入は□ jknm ではなく，□ jkur であることに注意が必要である。消費者余剰，生産者余剰，そして関税収入を合計したものを，自由貿易時の総余剰（△ ae″c′ +△ be′c′）と比較すると，△ e″kn と△ e′jm の面積に相当する損失と，□ mnur の面積に相当する利益が存在することがわかる。したがって，大国のケースにおいて，関税賦課が経済厚生に与える効果は，この□ mnur の面積から△ e″kn と△ e′jm の面積を引いたものになる。△ e″kn と△ e′jm の面積の合計よりも，□ mnur の面積が大きい場合は，関税の賦課によって自由貿易時よりも経済厚

8　これは1単位あたり t の関税収入を，t より小さい負担で手にすることができていることを意味している。

生が改善することになる。

■ 最 適 関 税

　大国については，自由貿易（関税 t が 0）から離れてわずかに関税を賦課したとき，交易条件の改善による利益が，生産と消費の歪みによる損失を上回ることが知られている。関税が高すぎなければ，関税賦課による輸入の減少量（線分 e'm と線分 ne″ の合計）に比べて，関税を払ってでも輸入される量（mn）が十分大きいので，交易条件の改善からの利益である□ mnur の面積が△ e″kn と△ e'jm の面積の合計よりも大きくなるからである。さらに関税を引き上げていくと，ある所までは関税収入が増えて少しずつ経済厚生が改善していくが，同時に輸入量が小さくなっていくので，関税を引き上げたときに得られる追加的な交易条件の改善からの利益も小さくなっていく。そのため，どこかで一転して経済厚生が悪化していくことになる。この様子は図 8-9 の大国のケースに示されている。

　図 8-9 から明らかなように，大国のケースでは経済厚生を最大にする関税水準がどこかに存在するはずである。そのような関税水準は最適関税と呼ばれる。最適関税を超えて関税を引き上げていくと，どこかの水準で経済厚生は自由貿易時の経済厚生と一致し，そこからさらに関税を引き上げていくと，経済厚生はさらに悪化し，最終的に禁止的関税に到達して輸入量がゼロに，

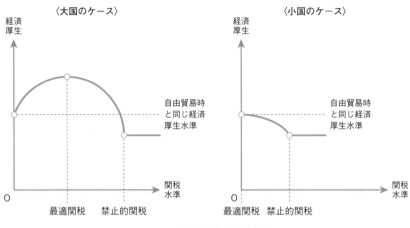

図 8-9 **関税水準と経済厚生**

つまり閉鎖経済になってしまう。なお，禁止的関税より高い水準の関税を課しても，閉鎖経済であることには変化がないので，経済厚生は変化しない。

　一方，小国の場合，関税水準と経済厚生とはどのような関係にあるだろうか。すでに学んだように，小国の場合は交易条件の改善からの利益が存在せず，たとえ微小な関税の賦課であっても経済厚生を低下させる。したがって関税水準と経済厚生との関係は，図 8-9 の小国のケースのように示され，最適関税はゼロである。実際にブルネイ（2018 年の実行関税率は 0.03%），シンガポール（同 0.24%），ボツワナ（同 0.33%），チリ（同 0.49%）などのように，ほぼゼロに近い水準の関税率を設定している国もある。

8.4　関税を巡る議論---------------------------------

　ここまで，部分均衡分析を用いて輸入関税が経済厚生に与える影響を学んできたが，本講の最後に 2 つのことを考えておく。

■ なぜ関税を課すのか

1つ目は，なぜ実際には小国においてでさえ輸入に関税が課されているのかである。小国は，経済厚生の観点からは関税を課すインセンティブがないことは既に学んだとおりだが，逆にいうと経済厚生の観点でなければ，関税を課す可能性はある。

輸入関税は（消費者の犠牲のもとではあるが）生産者余剰を改善するので，政府がその国の経済厚生の最大化を追求せず，何らかの理由で生産者のことを重視すれば関税が導入されると考えられる。生産者を重視する理由としては，産業による政治家へのロビー活動などが考えられる。

しかし生産者余剰を増やすだけであれば，関税を課すよりも生産補助金（生産補助金とは，1単位の生産に対して政府が支払いをする政策である）を出す方が経済厚生の観点から望ましく，最善であるといえる。なぜなら，関税は生産者と消費者，両者にとっての国内価格を国際価格から関税分だけ引き上げるが，生産補助金の場合は生産者が直面する国内価格だけが補助金分上昇し，消費者が直面する価格は国際価格のままだからである。したがって消費量も消費者余剰も減少しないため，生産補助金の方が関税よりも少ない余剰の損失（死荷重）で同じ生産者の保護，生産量の増加を実現できるのである。

ではなぜ生産補助金ではなく関税が比較的多く用いられてきたかというと，補助金を支出する場合はあらかじめ財源が必要になる上に関税収入が入らないので政府余剰が負になる。しかし，関税を賦課する場合は財源を必要とせず，かつ関税収入も入るので政府余剰が正であることが理由として挙げられる。また，そもそも政府が歳入を確保することを主目的として輸入に関税を課すことも考えられる[9]。

政府が経済厚生の観点から判断していても，長期的な効果を考えていれば幼稚産業保護（Infant Industry Protection）として関税が課されることがある。ある発展途上国に，その国の自然環境や資源などの点から潜在的な国際競争力が存在する産業があるとする。しかし，この産業は発展途上国では新産業なので，既に当該産業が確立された産業となっている先進国とは現時点では

---

9 日本の場合，関税は租税・印紙収入の約1.5〜2%という低い割合であるが，この割合が大きい国にとって関税は重要な収入源である。

競えない。このような状況が存在するとき，この発展途上国が当該産業に関税や輸入割当を設定するとどうなるだろうか。

　十分に高い保護を行って輸入量を制限すれば，自国の生産者が自国市場に多く供給することになるため，発展途上国の新産業は徐々に規模を拡大し習熟してゆく。次第に，潜在的な優位性を活かして，先進国に対抗できるようになり，最終的には競争で優位に立つことになる。このような議論が幼稚産業保護論である。実際に日本は幼稚産業保護を実行して成功したと考えられている面もあるが，幼稚産業保護による産業育成を成功させるには，国内市場規模がある程度大きい必要があるといわれている。

　また，どのようなときに幼稚産業保護が正当化されるのか，どのような産業が幼稚産業保護の対象となるべきかについての議論もある。そもそも民間ベースでこの新産業を発展させることができるのであれば，政府による幼稚産業保護は正当化されない。また恒久的な保護が必要な産業はそもそも潜在的な競争力があるとはいえないので，どこかの段階において民間ベースで自立できる産業でなければならない。また新産業を保護している間は経済厚生の面では損失が出ているので，自立した後に経済厚生の改善によって，長期的に損失を上回る利益を得られなければならない[10]。

■ 近隣窮乏化と報復

　2つ目に考えておきたいことは，大国の関税賦課が本当に当該国の経済厚生を上昇させうるのかについてである。前節で述べた大国のケースでは，最適関税水準までの関税賦課は，当該輸入国の経済厚生を上昇させた（図8-9）。しかし，この状況は本当に実現するであろうか。

　先ほどは述べなかったが，輸入国の関税賦課により国際価格が低下したため，輸出国側では生産量と貿易利益が減少している。他国に負の影響を与えるような政策を近隣窮乏化政策と呼ぶが，大国の輸入関税はまさにそれである。このとき，他国の近隣窮乏化政策によって負の影響を受けた輸出国がそのまま黙っているかというと，もちろんそうではなく，報復として，自らも

10　この議論にはミルの基準，バステーブルの基準などが存在する。

貿易制限措置を導入するかもしれない。その場合は逆に自らが輸入し，他国が輸出している財に関税を課し返すことになる[11]。その後は輸入国が再び関税を上昇させ，輸出国が再び報復をするという相互の関税の導入や，関税水準の引き上げ競争が生じ，世界貿易の縮小と経済厚生の低下へつながる。

このような事態を避けるために，そもそも，どの大国も最適関税を課さないことが経済厚生の観点からは望ましい。しかし，小国の関税と同様に，政府が国全体の経済厚生以外に重きをおけば，どこかの国がこの競争のトリガー（引き金）を引くこともありえる。実際に 2017 年のアメリカのトランプ政権誕生以後，アメリカが関税引き上げを行い，それに対して EU や中国が対抗する形で自らの輸入品の関税を引き上げた。

8.5 まとめ

本講では貿易政策を紹介し，最も一般的な貿易政策である輸入関税についてその効果を学んだ。輸入への関税賦課は小国のケースでは経済厚生を低下させる。大国のケースでは当該輸入国の経済厚生を上昇させる可能性はあるが，世界全体としては（貿易相手国からの報復がある場合は当該輸入国自体の）経済厚生を低下させる。本講では，市場では完全競争が行われているものとして議論を行ったが，不完全市場のケースでは異なる結果が生じうる。ただし，それは本書の範囲を超えるので次の学びとして欲しい。

■ Active Learning

《練習問題》‥‥‥‥‥‥‥‥‥‥‥‥‥‥‥‥‥‥‥‥‥‥‥‥‥‥‥‥‥‥

1. 従価関税と従量関税の長所と短所を考えよ。また関税率の形態にはこの 2 つ

---

11 輸入国の関税賦課に対して，輸出国が自らの輸出に補助金を拠出すると，世界市場における需要の減少に加えて，供給も増加することになり，国際価格が大きく低下し，輸出国の交易条件が著しく悪化してしまう。したがって報復は別の財（輸出国の方が自らが輸入している財）に対して行う。

以外にどのようなものがあるかを調べよ。（ヒント：脚注 1 で紹介した「関税の
しくみ」を参照。）

2. 小国のケース，大国で輸入国の経済厚生が悪化するケース，大国で輸入国の経
   済厚生が改善するケースにおける関税の効果を図示せよ。

3. 日本市場での需要が世界市場での価格に非常に大きく影響を与えると考えられ
   る品目を考えてみよ。

第9講

貿易政策2
：貿易救済措置

■第8講では主要な貿易政策を説明し，特に輸入関税の経済的な効果を示した。本講では，その他の貿易政策として，条件付きの貿易保護措置である，いわゆる貿易救済措置について説明する。

9.1　通常の関税と貿易救済措置-----------------

　まず，通常の関税と貿易救済措置との違いを説明しておこう。技術や生産要素賦存比率の違いから，ある国の比較優位が決まり，貿易パターンが決まる。その貿易パターンにおいて，外国からの輸入品と競争することになる産業（輸入競争産業）を保護するために賦課されるのが通常の関税である。比較優位は時間を通じて変化するが，その変化にはある程度の時間がかかる。そのため，通常の関税はある程度の期間，恒常的に賦課されるものである。

　一方，何らかの方法によって，比較優位に沿わないパターンの貿易が起きることがある。比較優位による自然な貿易パターンから外れた輸入を減らすための措置として，貿易救済措置における税が課されることがある。貿易救済措置には，アンチ・ダンピング（AD：Anti-Dumping），相殺関税（CVD：Countervailing Duty），そしてセーフガード（SG：Safeguard）の3つの措置がある。アンチ・ダンピング税（アンチ・ダンピング措置として用いられる）や相殺関税は，他国の貿易行為に対してその効果を相殺する措置をとる必要がある場合に認められる，不公正な貿易を是正するための関税で，一時的なものである。以下，本講では最も利用数の多いアンチ・ダンピング措置を中心に説明する。また相殺関税とセーフガードについても簡潔に紹介する。

■ 通常の関税

　ここで，通常の関税について確認しておこう。どの品目にどのような水準の関税が課されているかは，実行関税率表（輸入統計品目表）で確認できる[1]。ただし，ある1つの品目の関税率は1つだけではない。表9-1は実行関税率表から関税率の例をいくつか抜粋したものであるが，関税率には，基本，暫定，WTO（世界貿易機関）協定，特恵，特別特恵，各経済連携協定（EPA）における関税率が存在することがわかる[2]。

　基本税率が長期的な観点から設定されている税率であり，暫定税率は基本税率を暫定的に修正するために一定期間に限り適用される税率である。当然，暫定税率が設定されている場合は，基本税率に優先して適用されることになる。表9-1では「牛の肉」にのみ暫定税率が設定されている[3]。

　特恵税率は，開発途上国・地域を支援する観点から，開発途上国・地域からの輸入品に対して適用される税率である。また，後発開発途上国（LDCs：Least Developed Countries）に特に適用される税率が特別特恵税率である。こ

表9-1　関税率の例（2022年4月1日時点）

	基　本	暫　定	WTO協定	特　恵	特別特恵	経済連携協定（EPA）
コーヒー（煎ったもの）	20%		12%	10%	無税	協定ごとに異なる
スパークリングワイン	201.60円/1リットル		182円/1リットル	145.60円/1リットル	無税	協定ごとに異なる
牛の肉	50%	38.5%	50%		無税	協定ごとに異なる

（出所）　税関「実行関税率表」（2022年4月1日版）

1　税関（Japan Customs）のサイト内の輸入統計品目表（実行関税率表）のページ（https://www.customs.go.jp/tariff/）で入手可能。

2　WTOやEPAについては**第10講**で詳しく学ぶ。

3　暫定税率が設定されている品目は，農産品や水産品が中心である。これらの多くは過去に基本税率を下げるのではなく，それよりも低い暫定税率を設定することで，それらの品目における貿易について諸外国と合意したという経緯を持つ。このような品目の他の例としては，バター，たらのすり身，紙巻たばこなど多数ある。

のような税率は WTO の最恵国待遇の例外として認められている[4]。2022 年
4 月 1 日現在，日本が特恵を与えている国・地域は 126 か国および 5 地域，
そのうち特別特恵受益国には 45 か国が該当する。たとえば東南アジア諸国
連合（ASEAN）加盟 10 か国のうち，インドネシア，フィリピン，ベトナム
の 3 か国は特恵の対象であるが，特別特恵の対象ではない。特別特恵の対象
国はカンボジア，ラオス，ミャンマーの 3 か国である。残りのタイ，マレー
シア，シンガポール，ブルネイは特恵の受益国でない。なお，このうちタイ
とマレーシアは 2019 年 4 月に特恵受益国を「卒業」したのであるが，同じ
時に中国も卒業している。

　基本，暫定，特恵，特別特恵の 4 つの税率が法律に基づいて定められてい
るのに対して，WTO 協定税率と各 EPA における税率は条約に基づいて定め
られている税率である。

　WTO 協定税率は WTO 全加盟国・地域に対して適用される税率である[5]。ま
た各経済連携協定に基づく税率は日本が経済連携協定を締結している国々に
対して適用される税率である[6]。WTO 加盟国との間で経済連携協定が締結さ
れている場合，その経済連携協定における税率は概ね WTO 協定税率よりも
低くなる。したがって，そのような場合は経済連携協定における税率が適用
される。なお，経済連携協定のような地域貿易協定も，WTO の最恵国待遇
の例外として認められている。

　これらの税率は特恵税率，協定税率（WTO 協定税率，EPA における税率），
暫定税率，そして基本税率の順に優先して適用されることになる[7]。ある輸入
品が特恵の受益国の産品であれば特恵税率が適用される。そうでない場合に
は適用される税率は，まずは EPA の締結国の産品であれば，その EPA の税

4　最恵国待遇など WTO のルールについては**第 10 講**で学ぶ。WTO の最恵国待遇原則とは輸
　入障壁について加盟国間で差別してはならないというものだが，特恵税率や EPA における関税
　率は，一部の国に対して低い税率を適用して「差別」していることになる。そのため，最恵国待
　遇の「例外」として扱われている。
5　加盟数は 164（2022 年 4 月 1 日現在）。
6　発効済みの経済連携協定数は東アジア地域包括的経済連携（RCEP：Regional Compre-
　hensive Economic Partnership Agreement）を含めて 19 であり，これらに加えて日米貿易協定が
　ある（2022 年 4 月 1 日現在）。
7　協定税率が暫定税率または基本税率よりも低い場合に限る。

率が適用される。EPA の締約国の産品でもなければ，WTO 加盟国・地域の産品かどうかで WTO 協定税率が適用されるかどうかが決まる。それにも該当しない場合は，基本税率（あるいは暫定税率）が適用されることになる。

　このように，ある 1 つの品目の関税率を数字で示すことは簡単ではないが，**第 8 講**の図 8-2 でみたように，日本の関税率は全品目の単純平均で 4.4％であり，EU よりは低いがアメリカよりは高い水準である。しかし，非農産品に限っては 2.5％であり，これはアメリカよりも低い水準である。全品目の関税率が非農産品の関税率を上回るのは，非農産品に比べて農産品の関税率が高いからであるが，この傾向は多くの国に当てはまる。

　一方，表 9-2 は主な製品について，1961 年時点と 2019 年時点の日本の関税率を示している。2019 年においては確かに非農産品の関税率は無税が目立つ。しかし，それらの製品の多くには 1961 年段階では何らかの形で有税の関税が掛けられていたことがわかる。

9.2　条件付きの貿易保護措置--------------------

　前節で確認した通常の関税以外に，条件付きの貿易保護措置（Contingent Trade Protection Measures）としての特殊関税がある。これらの関税は貿易救済措置として賦課されることがある。

　前節の冒頭にも述べたように，アンチ・ダンピング税（不当廉売関税，ダンピング防止税）と相殺関税は輸出国あるいは輸出企業の不公正な貿易行為に対して，その効果を相殺する措置をとる必要がある場合に認められるものである。正常価格（輸出国内の販売価格等）より不当に安い価格で輸出する，輸出国企業のダンピング（不当廉売）という行為によって生じた輸入に対する措置（アンチ・ダンピング措置）として用いられるのがアンチ・ダンピング税であり，輸出国政府の補助金によって生じた輸入に対する措置として用いられるのが相殺関税である。

　貿易救済措置としては，その他に緊急関税制度（セーフガード）がある。セーフガードは，予想されなかった事情の変化による輸入の急増から国内産

表 9-2　日本における主な製品の関税率

製品名	1961 年	2019 年
バター	暫35	暫35〜暫29.8％＋210円/kg
小　麦	暫無税	暫無税〜暫9.80円/kg
米	15，免税	暫無税〜暫49円/kg
小麦粉	25	協12.5〜暫27.40円/kg
大　豆	（13），協10	無税
砂糖（精製糖）	（108）	21.50円/kg〜暫39.98円/kg
ビール	56，協35	協無税
原　油	暫（6）	無税
製紙用パルプ	5	無税
綿　花	無税	無税
綿織物	10〜（15）	協5.6，協3.7％または 2.9%＋1.01円/㎡の高い方，5.6%または 4.4％＋1.52円/㎡の高い方
銑　鉄	10	無税
金属加工及び木工機械	15，25	無税
発電機	暫15	無税
乗用自動車	40，協35	無税
置時計及び掛時計	25，30，協20，27	無税
楽　器	20	無税

（注）　表中の「暫」は暫定税率，「協」は協定税率をさす。その他は基本税率である。
　　　特に記載がなければ単位は％。（　）内は，従量税等を従価換算したものである。
（出所）　財務省「財政金融統計月報」第808 号（2019 年9 月号）

業を保護するための緊急措置である。したがって，他の 2 つと異なりこちらの場合は不公正な貿易行為とは関係ない。

　以下では貿易救済措置としてのアンチ・ダンピング措置（AD 措置）とアンチ・ダンピング税（AD 税）について詳しく説明する。

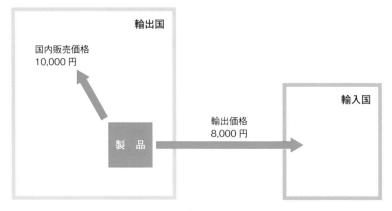

図 9-1　ダンピングの例

■ 貿易（輸出）におけるダンピング

　一般的にダンピングとは，コスト割れで販売するなど，（短期的な）採算を度外視した低い価格で商品を販売することをいうが，そのような独占禁止法におけるダンピングと，貿易におけるダンピングは少し定義が異なる。

　図 9-1 のように，ある企業が国内市場と外国市場に同じ製品を販売しているとして，外国市場向けの価格が国内市場向けの価格より低く設定されていることが，貿易（輸出）におけるダンピングである。図 9-1 では，外国市場（輸入国市場）への輸出価格が 8,000 円で，国内市場（輸出国市場）への販売価格である 10,000 円を下回っているので，ダンピングである。なお，もし国内市場には販売していないなどの理由で，比較に用いる適当な国内価格が存在しない場合には，第三国市場（別の外国市場）向けの価格などと比較して，ダンピングの認定を行う。

■ アンチ・ダンピング措置

　輸出国企業によりダンピング輸出が行われている場合，輸入国側は AD 措置を利用でき，AD 税を対抗措置として課すことができる。ただし AD 措置の利用にはいくつか条件がある。1 つ目の条件は，輸出国企業のダンピング

によって，自国の輸入競争産業が実質的な損害を被っていることを調査により明らかにすることである。ダンピングと損害，そしてその因果関係が認められなければならない。

2つ目の条件は，AD措置として賦課が認められるAD税の上限である。この上限はダンピング・マージンに等しいが，このダンピング・マージンとは具体的には

$$ダンピング・マージン＝国内市場向けの価格－外国市場向けの価格$$

である。つまり図9-1の例ではダンピング・マージンは2,000円である[8]。

なぜこのダンピング・マージンを上回る税率が認められないのかというと，ちょうど「ダンピング・マージン＝AD税の額」となるような税率でAD税を課すことによって，競争はダンピングが行われていない場合の状況に戻されるからである。AD措置は，ダンピングによる不公正な貿易を是正して，公正な貿易に戻すことが目的であるから，ダンピング・マージンよりも高い税率を設定し保護することは認められない。

■ アンチ・ダンピング措置の調査，暫定措置，確定措置

ここでは，日本のケースでAD措置の発動までの流れの概略を述べる。まず当該産業の国内生産者を代表する企業や団体（国内生産のシェア25％以上）がダンピングと損害の証拠を添えて，アンチ・ダンピング調査（AD調査）の申請を財務大臣に対して行う。

調査開始が決定されると，経済産業省・財務省等からなる調査チームによってダンピング，損害，そしてそれらの因果関係についての調査が行われ，原則1年以内（最長18か月）に，最終的な決定が出される。それまでに輸出側と価格に関して合意ができれば，AD措置は発動されないが，合意できない場合は，確定的なAD措置としてのAD税が課されることになる。

なお，最終決定までの間に国内産業に重大な影響が生じる場合は，調査開始から60日が経過した後に，一定の条件を満たすことによって，一定期間，

---

[8]　上限であるので，輸入国は必ずしもダンピング相当額の税を課す必要はない。

暫定的な措置を発動することもできる。

■ アンチ・ダンピング措置の利用実態

　ここからは AD 措置の世界における利用実態に目を向ける。WTO のウェ
ブサイトでは詳細な情報を公開しているが，ここでは 2 つの点に焦点をあて
る。1 つ目はアンチ・ダンピングの調査と措置の実施件数が WTO 設立当初
から変化してきているのかという点であり，2 つ目はどの国がダンピングを
指摘され，どの国が AD 措置を利用しているのかという点である。

　表 9-3 は WTO が設立された 1995 年から 2021 年までの 27 年間にアン
チ・ダンピング調査・措置が行われた件数の合計と，5 年ごとの件数を示し
ている。この表より，調査開始されたものの 3 分の 2 程度が措置の本発動に
至っていることがわかる。また当初，調査は多かったが，措置の実施に至っ
た割合は低かった。しかし中国が WTO に加盟した時期（2001 年）からは調
査件数も，措置に至った割合も上昇した。その後，調査件数は落ち着きを見
せているが，2015 ～ 2019 年では措置の実施に至った割合が再び大きく上昇
していることがわかる [9]。なお，AD 調査開始件数は，貿易自由化が進展した
ときと景気後退のときに増加する傾向があるという。

　次に，表 9-4 は過去 25 年間に，AD 措置の対象となった輸出国上位 6 か

表 9-3　**AD 調査と措置実施の状況（1995 年 –2021 年 6 月）**

	95 ～ 99 年	00 ～ 04 年	05 ～ 09 年	10 ～ 14 年	15 ～ 19 年	20 ～ 21 年	計
①調査開始 (Initiations)	1,254件	1,434件	1,002件	1,069件	1,193件	470件	6,422件
②措置発動 (Measures)	718件	1,001件	671件	674件	894件	267件	4,225件
③　②/①	57%	70%	67%	63%	75%	57%	66%

（出所）　WTO データベースより筆者作成

9　調査から発動までには時間のラグがあるので，この表の件数はあくまで大まかな傾向を探る
　　ためのものであり，本来は詳細な集計が必要である。

表 9-4　AD 措置の主な対象国と実施国（1995 年 –2021 年 6 月末）

（単位：件）

		発動国・地域							
		インド	米 国	Ｅ Ｕ	アルゼンチン	ブラジル	中 国	その他	合 計
輸出国・地域	中 国	196	157	104	96	74	-	472	1,099
	韓 国	54	39	15	13	13	37	133	304
	台 湾	54	31	14	11	12	16	84	222
	アメリカ	30	-	10	7	24	47	77	195
	日 本	32	28	8	5	2	44	51	170
	タ イ	39	15	19	5	10	9	73	170
	その他	339	303	171	147	134	108	863	2,065
	合 計	744	573	341	284	269	261	1,753	4,225

（出所）　WTO データベースより筆者作成

国・地域と，AD 措置の実施国上位 6 か国・地域をまとめたものである。

　全 4,225 件の措置の実施の中で，26％にあたる 1,099 件がダンピング輸出を行っている側として中国を対象とする措置である。中国に比べると件数はかなり少なくなるが，韓国，台湾，日本という東アジアが対象となっているケースも多く，東アジア合計で，1,795 件，42.5％と非常に多いことがわかる。

　一方，最も措置を利用しているのはインドであり，アメリカ，EU がこれに続く。これら 3 か国・地域で 39.2％を占めている。またアルゼンチンやブラジルも上位 6 か国・地域に含まれているのが特徴的である。

　表 9-4 には示していないが，発動合計 4,225 件を産業別にみると，1,405 件が鉄鋼に代表される卑金属およびその製品，次いで 894 件が化学工業（類似の工業を含む）の生産品，そして 524 件がプラスチックおよびゴム並びにこれらの製品となっており，これら 3 産業で全体の 6 割以上を占めている。

　日本が 2021 年 6 月末までに措置の対象となったのは表 9-4 のとおり 170 件である。『2022 年度版 不公正貿易報告書』のまとめによると，2021 年 6 月末時点で，日本を対象とする措置は対中国 22 件，対アメリカ 19 件，対イ

ンド7件，対韓国6件などが継続中であるが，対象の産品は世界全体と同様に金属や化学品等が多い傾向にある。ここまでAD措置について詳しく説明をしてきたが，次に，相殺関税とセーフガードについて紹介する。

> ### コラム 9.1　日本による AD 措置
>
> 　日本が AD 措置を発動した事例は 15 件と少なく，しかもそのほぼすべてが化学工業の生産品を対象としている。2022 年 4 月 1 日時点で，最も最近に確定措置がとられた案件は，韓国産炭酸カリウムに対する措置である。
> 　この案件は AD 措置が 2020 年 4 月 30 日に，日本の業界団体より申請され，6 月 26 日に調査が開始され，暫定措置が翌年 3 月 25 日に，確定措置が同年 6 月 24 日に発動されている。なお AD 税率は 30.8％である。経済産業省のサイトには発動事例のリストがあるが，調査件数と発動件数がほぼ同じであることも日本の特徴である [10]。

■ 相 殺 関 税

　企業は自らが直面しているさまざまな条件を考慮して意思決定を行っている。企業にある行動をより多く行わせたいときは，補助金を与えることにより，政府が望む方向に企業行動を向かわせることが可能である。

　WTO では，政府または公的機関からの資金的貢献によって，受け手の企業に利益が生じるものを補助金としているのだが，通商上の問題となる補助金には 2 つのタイプがある。1 つ目はそもそも輸出を増やすことを目的とした補助金（輸出補助金）であり，これはダンピングとは異なり，輸入国側の損害とは無関係に禁止されている。このような禁止されている補助金は「レッド補助金」と呼ばれる。2 つ目は特定の産業や企業に対して出され，輸出補助金ではないのだが，結果として輸出を増やし他国に損害を与えている補助金である。この補助金は「イエロー補助金」と呼ばれる。

　WTO においてレッド補助金と判断された補助金は即座に廃止を求められるが，廃止しない場合は対抗措置の対象となる。また特定の産業や企業に出

10　日本の調査事例（https://www.meti.go.jp/policy/external_economy/trade_control/boekikanri/trade-remedy/investigation/index.html）には日本のアンチ・ダンピング関税措置，相殺関税措置，セーフガード措置についての記録がある。

されていること，その補助金によって輸入国の国内産業が損害を被っていることがWTOの場で認められれば，そのように判断された補助金はイエロー補助金だとしても対抗措置の対象となる。ここでの対抗措置は，輸出国の補助金による輸出企業の利益を打ち消すために輸入国が課す関税であり，相殺関税と呼ばれる。

　相殺関税措置はWTO設立後から2021年6月末までに644件の調査と368件の発動がされているが，日本は調査も発動も，韓国のハイニックス社製DRAM（ダイナミックランダムアクセスメモリー）輸出に対するもののみである。また日本は1件も相殺関税の対象とはなっていない。

■ セーフガード（緊急関税制度）

　セーフガードは，輸入競争に直面する国内産業が，予想されなかった事情の変化による輸入の急増により，重大な被害を受けることを防止するためにWTOで認められている措置である。全品目を対象としているため一般セーフガードとも呼ばれる。すでに述べたように，この制度はAD措置や相殺関税と異なり，輸出国の不公正な貿易行為とは関係ない。

　予想されなかった事情の変化と輸入の急増の関係に加えて，輸入の急増と重大な被害の因果関係が調査によって立証されなければ本発動することはできないことは，AD措置と同様である。なお，措置の実施手段としては，関税率の引き上げあるいは輸入数量制限の導入となっている。

　WTO設立後の措置の調査は408件，発動は206件であり（2021年末まで），アンチ・ダンピングの4,225件や相殺関税の368件と比べて少ない。多く措置を発動している国としては，インドネシア，インド，そしてトルコが挙げられる。日本は2000年にねぎ・生しいたけ・畳表に関する調査を開始し，2001年に暫定措置（関税の引き上げ）を発動したが，同年末には確定措置には至らずに調査，暫定措置を終了している。

9.3 　ま と め -------------------------------------

　本講では貿易救済措置として用いられる，条件付きの貿易保護措置を学んだ。アンチ・ダンピング措置や相殺関税では，輸出国の不当な行動，そして輸入国に確かな被害があることがポイントになるので，2つの国の政府の間に認識，主張の違いが生じ，しばしば紛争へとつながる。これについてはWTOの紛争解決機能にゆだねられている。また貿易救済措置に関するもの以外にもWTOには貿易に関するさまざまなルールが定められている。次の**第10講**で，これらについて詳しく学ぼう。

> ### コラム 9.2　セーフガードあれこれ
>
> 　セーフガードには，一般セーフガードの他にも，特別セーフガードが存在する。この特別セーフガードの対象は，WTOの前進であるGATTのウルグアイ・ラウンド合意において輸入数量制限等の非関税措置を関税化した農産品に限られていて，年度内の輸入量が一定の基準を超えたり，価格が基準を下回ったりした場合に自動的に発動される。また牛肉セーフガードもウルグアイ・ラウンドでの合意以降存在する。
>
> 　日本は一般セーフガードについてはほとんど発動していないが（2001年のねぎ，生しいたけおよび畳表に関するセーフガード暫定措置のみ），特別セーフガードは時々発動している。たとえば2020年末から2021年初旬においても，クリームのような乳製品，でん粉調製品，コーンスターチに対する特別セーフガードを発動している。また牛肉については，2021年3月に日米貿易協定に基づく牛肉セーフガードを発動した。
>
> 　セーフガードの「自動的に発動される」に関して一つエピソードがある。2000年代初めに日本でBSE（牛海綿状脳症）問題が起き，牛肉に対する需要が大きく低下し，輸入量も減少した。2003年には牛肉に対する需要が回復してきたのだが，前年度までの需要の冷え込みによりセーフガードの発動基準が低下していたために，2002年から2003年の牛肉輸入伸び率が大きくなってしまった。その結果，「自動的に」2003年8月1日には牛肉に対するセーフガードが発動されてしまったのである。

《練習問題》・・・

1. フランス製のビーチパラソルを日本に輸入したとき，どのような関税率が適用されるかを理由とともに述べよ。なお実行関税率表（2022 年 4 月 1 日版）を用いることとする。

2. アンチ・ダンピング措置と相殺関税措置の共通点と相違点を整理せよ。

3. 日本が実施した最新の貿易救済措置について調べよ。

第10講
地域経済統合

■世界の多くの国が他国と活発に貿易を行っているが，自由貿易は経済厚生を
向上させることを第8講で理論的に学んだ。本講では，自由貿易を推進して
きた国際機関および特定の国々による地域経済統合について学ぶ。

10.1 世界貿易機関 --------------------------------

　第1講の1.3節で，第二次世界大戦後の国際貿易の基盤作りを担う目的で
合意，設立されたGATTとWTOについて触れた。本節ではこれらについて
詳しく説明していこう。

　1947年，アメリカのブレトン・ウッズにおいて連合国が会談し，戦後の
国際関係の基底となるブレトン・ウッズ協定が合意された。同協定においては，
国際機関として金融の安定を図る国際通貨基金（IMF：International Monetary
Fund）や世界の経済的発展を主たる目的とする国際復興開発銀行（IBRD：
International Bank for Reconstruction and Development。世界銀行とも呼ばれる）
の設立が決定されたが，ブレトン・ウッズでの会談では保護貿易主義が戦争
の原因の一つであったという議論もなされた。そこで，第二次世界大戦後の
自由貿易推進のため，関税及び貿易に関する一般協定（GATT：General Agree-
ment on Tariffs and Trade）が締結された（1948年発効）。GATTには，当初，
欧米の23か国が調印し，貿易における差別的な待遇の解消と関税等の貿易
障壁の引き下げを目指して交渉が開始された。GATTでは，ラウンド（多国
間貿易交渉）といわれる場で関税交渉が行われたが，第1回のラウンドは
1947年にジュネーブで始まった。日本は，戦後復興を遂げ高度経済成長の

軌道に乗り出した 1955 年に GATT に加盟し，その後，GATT のラウンドを重ねながら，多くの品目の関税引き下げが実現した。1970 年代の東京ラウンドでは，関税引き下げだけではなく，非関税障壁の引き下げも議論され，さらに 1980 年代後半から始まったウルグアイ・ラウンドでは，農産物貿易の自由化交渉が行われた。日本もウルグアイ・ラウンドにおいて，牛肉やオレンジの輸入自由化に合意し，コメの関税化も議論されるなど，GATT 加盟各国は着実に貿易自由化を実現してきた。

ウルグアイ・ラウンド終了後の 1995 年に，GATT は発展的に解消され，世界貿易機関（WTO：World Trade Organization）に生まれ変わった（「協定」から「国際機関」として組織された）。GATT は主に先進諸国が加盟した協定であったが，「国際機関」となった WTO には多くの発展途上国も加盟し，2022 年 8 月現在で 164 の国・地域が加盟している。GATT-WTO の基本理念は，多国間主義である。すなわち，二国間だけで貿易自由化を進めるのではなく，加盟国が皆で一緒に貿易自由化を推進していこうという理念によって成り立っている。

GATT-WTO における最も重要な原則は「無差別原則」と呼ばれるものである。「無差別原則」は，2 つの原則を包含している。一つは，「最恵国待遇（Most Favored Nation（MFN）Treatment）」と呼ばれるもので，ある加盟国が別の加盟国に対する輸入障壁を低くしたら，他のすべての加盟国にもその低い輸入障壁を適用しなければならない，というものである。すなわち，輸入障壁について加盟国間で差別してはならない，ということである。もう一つの原則は，「内国民待遇（National Treatment）」と呼ばれるもので，輸入された財は国内で生産された財と平等に扱われなければならないとするものである。たとえば，国内製造品と輸入品との間で，消費税に差を設けたり，安全性に関する試験基準に差を設けたりすることは禁止されている。つまり，「最恵国待遇」は輸入されて国内に入ってくる際に加盟国間で差別を行ってはならないとするもので，「内国民待遇」は国内に入ってきた輸入品を国内品と平等に扱わなければならないとするものである。

1995 年に GATT が WTO に改組された際に，主に 3 つの分野について合意がなされた。1 つ目は，農業および繊維縫製品に関しての合意で，それま

で輸入数量制限が実施されていた農産品に対して輸入数量制限に代わって上限関税とすることが合意された。2つ目は，サービス貿易に関する一般協定（GATS：General Agreement on Trade in Services）が締結され，サービスの自由化に関しても合意された。金融，法律，技術など各種サービスの国境を越えた取引や旅行などによるサービス貿易は，近年ますます拡大している。3つ目に，知的財産権の貿易にかかわる事項についての合意がなされた。知的財産権については，自国企業の知的財産権の侵害を恐れる先進国の強い要請で合意に至った。たとえば，インドがアメリカの製薬会社から医薬品を輸入し，その医薬品の類似品を自ら製造して販売することが可能であったら，当該のアメリカの製薬会社は損害を被り，将来的に新薬を開発する意欲を削がれてしまう。そこで，WTO において国際特許の順守を求めたのである。

　また，WTO 設立の際には，貿易に関する紛争解決の方法に大きな改革が行われた。「紛争解決に係る規則及び手続に関する了解」と呼ばれるもので，WTO 内に紛争解決機関（DSB：Dispute Settlement Body）を設けて，より拘束力のある形での決定が速やかに行われるようになった。GATT の時代には，加盟国が訴えを起こすと，当事国間において示談に向けての話し合いが行われ，示談が成立しない場合，パネルと呼ばれる紛争解決のための委員会が設置された。パネルにおいては専門家による審議の結果，報告書が作成されたが，当該国による満場一致を報告書採択の条件としていたため，報告書の内容に対して不満を持つ一部当該国が採択を拒否し，採択されない案件が多かった。しかしながら，WTO においては，パネルで解決しなかった案件については，法律家から構成される上訴機関（上級委員会）が調査・審議を経て報告書を作成し，同報告書は満場一致で否決されない限り，同報告書が採択されることを合意した。これにより，ほぼすべての紛争案件において，上訴機関報告書が採択されることとなった[1]。

1　ただし，上級委員会の裁定に不満を募らせたアメリカが委員の選任を拒否しており，上級委員会は 2019 年 12 月以降，審理を行えず機能不全に陥っており，2022 年 6 月現在，20 件以上の訴えが上級委員会で棚上げ状態であるという。

10.2　特恵貿易協定の種類--------------------

　上記のとおり，GATT-WTO を通じた多国間貿易自由化が進んできたが，一方で，1990 年代以降，特定の国々による貿易自由化協定が次々と結ばれた。総称して，特恵貿易協定（PTA：Preferential Trade Agreements）または地域貿易協定（RTA：Regional Trade Agreements）と呼ばれるが，主に経済共同体，自由貿易協定（FTA），関税同盟，の 3 つに分類することができる。

■ 経済共同体
　経済共同体から説明しよう。経済共同体においては，モノやサービス，資本，労働者の自由な移動を保証している。経済共同体の例として，欧州連合（EU：European Union）が挙げられる。

　欧州では，中世以来の相次ぐ戦争に加え，市民をも巻き込んだ二度の戦争（第一次・第二次世界大戦）の反省から，第二次大戦後まもなく，戦争のない平和で豊かなヨーロッパを築くため，欧州経済共同体（EEC）が設立された。さらに，戦後約 50 年の年月をかけて，1993 年に欧州連合（EU）が発足し，欧州の諸共同体は EU に継承されている。その後，EU は次々と加盟国が増え，2019 年時点では加盟国数が 28 か国に至ったが，2021 年 1 月にイギリスが脱退した。EU 加盟国のうち，19 か国が共通通貨ユーロを採用している。

■ 自由貿易協定（FTA：Free Trade Agreement）
　次に，自由貿易協定（FTA）を説明する。自由貿易協定は，経済共同体よりも経済の一体化の程度が低い国家間協定で，世界に最も多く存在する地域貿易協定の形態である。モノが加盟国間を自由に移動できることを保証する協定に加えて，サービスや資本の自由な移動も保証する協定もある[2]。ただし，経済共同体とは異なり，労働者は加盟国間を自由に移動できない。たとえば，

2　ただし，日本の米や酪農製品など自由化の除外とされる品目もある。また，投資の自由化を含まない，もしくは自由化の程度が低い自由貿易協定もあり，自由化の度合や範囲は協定によりさまざまである。

アメリカはメキシコ，カナダと北米自由貿易協定（NAFTA）[3]を締結した後（1994 年 1 月 1 日発効），チリ，モロッコ，シンガポール，そして韓国とそれぞれ FTA を締結してきた。日本もシンガポールとの FTA[4]（2002 年 11 月 30 日発効）を皮切りに，マレーシア，フィリピン，タイ，インドネシア，ブルネイ，ベトナムなどアジア諸国とそれぞれ FTA を締結してきた。メキシコとの間にも FTA を締結し，2019 年 2 月 1 日には欧州連合（EU）との FTA も発効した。また，東南アジア諸国も，1967 年には既に東南アジア諸国連合（ASEAN）を設立し，早くから加盟国間の関税引き下げに取り組んできた[5]。

■ 関税同盟（CU：Customs Union）

関税同盟は，自由貿易協定と同様に，加盟国間のモノ・サービスや資本の自由な移動を保証するが，非加盟国に対する関税についての取り決めにおいて自由貿易協定とは異なっている。自由貿易協定においては，加盟国は独自に非加盟国との関税を取り決めることができる。たとえば，アメリカは日本からの自動車に対しての輸入関税を，NAFTA 加盟国であるカナダやメキシコに相談することなく決めることができる。一方で関税同盟においては，加盟国は独自に非加盟国に対する関税を取り決めることはできず，非加盟国への関税率は加盟国で話し合って同一の関税率が決定される。関税同盟の例としては，南米南部共同市場（MERCOSUR：Mercado Común del Sur）が挙げられる。1995 年 1 月にブラジル，アルゼンチン，ウルグアイ，パラグアイの間で発効した。

---

3 アメリカはトランプ政権下に NAFTA の再交渉を要求し，再交渉妥結後の名称はアメリカ・メキシコ・カナダ協定（USMCA：United States-Mexico-Canada Agreement）。

4 一般呼称は「自由貿易協定」であるが，日本が締結する協定は，「経済連携協定（EPA：Economic Partnership Agreement)」という名称を付けている。

5 ASEAN 設立時の加盟国は，インドネシア，マレーシア，フィリピン，シンガポール，タイであった。

10.3 特恵貿易協定における原産地規則 --------

　一般的に特恵貿易協定においては原産地規則を設けている。原産地であることの条件の一つに付加価値基準がある[6]。メキシコ産衣服の付加価値のある一定割合以上（たとえば60%）がメキシコで付加されたものであることが原産地の条件とされる。原産地規則が設けられる理由は，非加盟国からの輸入品をほぼそのまま転売することによって，関税を免れることがないようにするためである。たとえば，中国からの衣服に対する輸入関税がアメリカは10%でメキシコは3%であると仮定しよう。アメリカが中国から直接輸入すれば，アメリカの輸入業者は10%の関税をアメリカ政府に支払うことになる。しかし，メキシコの貿易会社が3%の関税をメキシコ政府に支払って中国からシャツを輸入し，それをアメリカに再輸出すれば，NAFTAによりアメリカ政府に支払う関税はゼロである。自由貿易協定の趣旨に反するこのような関税回避が行われないようにするため，原産地規則が設けられている。

10.4 特恵貿易協定と多国間主義 --------------

　10.1節で述べたように，GATT-WTOの基本理念は多国間主義である。最恵国待遇においては，ある加盟国が他のある加盟国に対してより低い輸入障壁（典型的には輸入関税）を提供したら，他のすべての加盟国にその低い輸入障壁を適用しなければならない，としている。したがって，特恵貿易協定の加盟国のみに対する譲許関税は，最恵国待遇に反していることになる。たとえば，アメリカはNAFTAによってメキシコおよびカナダからの輸入は無関税としている一方で，NAFTAに入っていない日本に対しては関税をかけている。実は，GATTに例外規定があり，GATT第24条において，ある特定の国どうしの特恵貿易協定は，同協定が貿易品目の「ほとんどすべて

6　その他に，関税分類変更基準および加工工程基準があるが，ここでは詳述しない。

（substantially all)」を無関税にし，それが「合理的な期間内（reasonable length of time)」に実施される場合には，例外として認められているのである。

「例外」として特恵貿易協定を認めている背景には，特定国間の貿易自由化が拡大していくことで世界全体の貿易自由化につなげていくとの考えがある。アメリカ，日本，中国，欧州諸国，ロシアなど世界中の国が競うかのように，自由貿易協定などを進めてきた（トランプ政権発足やBrexit（イギリスのEU離脱）など自由貿易に逆行する動きも近年はみられるが）。ここには，ドミノ効果と呼ばれる政治経済学が働いているといわれている。

最初の動きは，欧州経済共同体（EEC：European Economic Community）と欧州自由貿易連合（EFTA：European Free Trade Association）との間であった。EC（1967年にEECと他の共同体とが統合してECに移行）はフランス・ドイツが中心に進めていた一方で，スイスや英国，ノルウェーなどはEFTAを形成していたのだが，ECの市場規模が大きかったため，英国の産業は海を隔ててすぐ隣のフランス市場に対しドイツ企業よりも不利な立場にあった。そこで，英国産業界が議会を動かして，EFTA脱退，ECへの加盟となった。大きいところ（EC）が小さいところ（EFTA）を呑み込んでいく現象をドミノ効果（Domino Effect）と呼んでいる。

このような特定国間の特恵貿易協定と並行して，世界の国々はGATT-WTOにおける多国間貿易自由化の努力も行ってきた。GATT-WTOでは，5年〜10年単位のラウンドと呼ばれる多国間交渉の場で貿易自由化が進められてきた。GATTのもとでは，1964年から交渉開始されたケネディ・ラウンドや1970年代の東京ラウンドなどがあり，そしてWTOに改組後は2001年から開始されたドーハ・ラウンドがある。しかし，WTOとなって多くの途上国も加盟したことにより，各国間の利害対立が深刻化して多国間交渉は難航し，ドーハ・ラウンドは交渉開始から10年を経た2011年から事実上の停止状態となっている。ドーハ・ラウンドの行き詰まりが，2000年代以降，日本を含め多くの国々が特定の国との二国間の自由貿易協定や環太平洋パートナーシップ協定（TPP）など複数国間の自由貿易交渉を進めてきた背景にある。ドーハ・ラウンドの失敗以降，GATT-WTOにおける多国間貿易自由化は暗礁に乗り上げており，多くの国が二国間もしくは少数国間での自由貿易

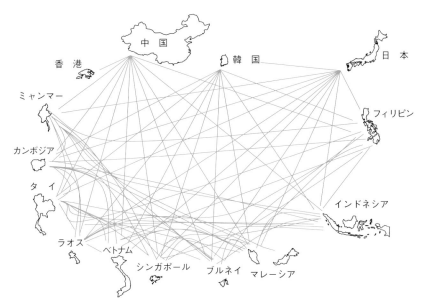

（出所）　Baldwin（2008）Figure 1 を筆者翻訳

図 10-1　スパゲッティ・ボウル現象のイメージ

協定を締結してきたため，FTA が複雑に入り混じる状況になっている。た
とえば，日本は日タイ経済連携協定と同時に，タイが加盟する ASEAN との
間に日 ASEAN 経済連携協定も締結しており，多くの重複が発生している。
この現象はスパゲッティ・ボウル現象，またはヌードル・ボウル現象と呼ば
れている。図 10-1 はその状況を示した例である。各国がさまざまな国と重
複して協定を締結していて，あたかも皿の中のスパゲッティのように各協定
が絡み合っている状況を指している。協定を締結した国どうしで低い関税率
が適用されるためには，原産地規則を満たす必要があるが，原産地を証明す
る書類を作成し貿易手続きを行う費用は決して低くはない。異なる協定にお
いて異なる原産地規則や制度・ルールが適用され，複雑化することによって，
こうした経済的費用が累積的に増加し，せっかくの協定税率が利用されない
という問題を引き起こしかねない。規則の統一や手続きの簡素化などが課題

として挙げられる。

10.5　特恵貿易協定の厚生効果------------------
（貿易創出効果・転換効果）

　第4講，**第5講**，**第8講**などにおいて，一般的に自由貿易は閉鎖経済（自
給自足経済）よりも厚生水準を高めることを学んだが，ここでは特定国間の
貿易自由化が自国の厚生を向上させるのかについて分析する。3つの国を想
定し，ブラジルが輸入国で，メキシコとアルゼンチンがブラジルへの輸出国
と仮定しよう。分析の単純化のためにブラジルには同製品の生産者がいない
とする。さらに図解を単純化するため，外国からは数量にかかわらず一定価
格で供給される（水平な供給曲線）と仮定する。特恵貿易協定を締結する前
の段階では，**図10-2**のメキシコおよびアルゼンチンの外国輸出供給曲線
（直線）が示しているように，メキシコの方が安く国際市場に供給できる。
　まず，ブラジルは，メキシコ，アルゼンチン両国に対し，同一の最恵国待
遇関税 t を課している。関税込みの価格もメキシコ産品の方が安価なため，

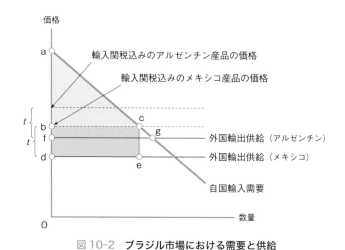

図 10-2　ブラジル市場における需要と供給

ブラジルの消費者はメキシコから輸入する。その場合のブラジルの厚生水準について考察しよう。△abc の面積が消費者余剰であり，□bdec の面積は関税収入としてブラジルの国庫に入る。ブラジルには同製品の生産者がいないため全量を輸入しており，生産者余剰はない。よって，これら 2 つを合わせた，□adec の面積が，ブラジルが同財市場から得られる総余剰である。

　次に，ブラジルがアルゼンチンとの間で特恵貿易協定[7]を結んだとしよう。アルゼンチンからの輸入は無関税である一方，メキシコからの輸入にはこれまでどおり t の関税が課される。関税のかからないアルゼンチン産の方が，関税のかかるメキシコ産よりも廉価なため，アルゼンチン産が輸入される。これまでは，メキシコから価格 d で輸入し，ブラジル市場では関税が上乗せされた b（＝d＋t）の価格で販売されていたものが，アルゼンチンから価格 f で輸入し販売されることになる（図 10-2）。すると，△afg の面積である消費者余剰が，厚生水準となる（関税収入はゼロである）。最恵国待遇（MFN）関税から関税同盟による特恵関税に変わった際の厚生水準の変化をみてみよう。総余剰が，図 10-2 の□adec から図 10-3 における△afg に変化したので，△chg の部分が経済厚生の増加分であり，□fdeh の部分が減少分である。

　図 10-3 の△chg の部分を貿易創出効果，□fdeh の部分を貿易転換効果と呼んでいる。貿易創出は特恵貿易協定によって市場価格が下がり輸入量が増えたこと（「創出」）による厚生水準の向上を示し，貿易転換は，輸入先がメキシコからアルゼンチンに「転換」したため関税収入がなくなり厚生水準を低下させていることを示している。図 10-3 では，厚生の低下部分が向上部分よりも大きいため，厚生水準は低下したことがわかる。すなわち，この場合には MFN 関税から特恵貿易協定に変わったことによって，経済厚生が悪化している。

　一方で，図 10-4 の場合はどうであろうか。MFN 関税の場合にはメキシコから価格 d で輸入し，関税を上乗せした価格 b（＝b＋t）で販売されるため，△abc の部分が消費者余剰である。□bdec が関税収入となるため，総

7　両国は，南米南部共同市場（MERCOSUR の同盟国として，実際には関税同盟の関係である。

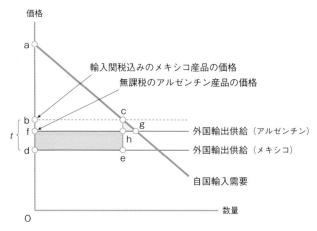

図 10-3　特恵貿易協定締結による経済厚生の変化（市場価格の低下が小さいケース）

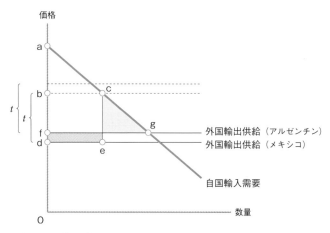

図 10-4　特恵貿易協定締結による経済厚生の変化（市場価格の低下が大きいケース）

余剰は adec で囲まれた台形部分となる。ブラジルがアルゼンチンと特恵貿易協定を結んだ場合，市場価格はアルゼンチンからの輸入価格 f となるため，△ afg の面積が消費者余剰である。関税収入がないことから，消費者余剰が総余剰と等しくなる。厚生の変化は水色の三角形の部分が増加部分，グレーの長方形の部分が減少部分となるため，この場合は厚生が向上することが分

かる。すなわち，貿易創出効果が，貿易転換効果を上回っているので，全体として自国の厚生は向上している。

このように，関税撤廃にともなう厚生水準の増減は関税率の大きさ，2国の生産性の差異に依存する。なぜ2つのケースで全く正反対の結果になるのか考察してみよう。図10-2と図10-3においては，MFN関税のときの輸入量と比べて特恵貿易協定のときの輸入量が少ししか増えていないので，消費者余剰の上昇分が小さい。一方で，メキシコとアルゼンチンの関税賦課前の価格（生産性）に比較的大きな差異があるため，関税収入の減少分が大きい。図10-4のケースでは，輸入量の増加が大きいため消費者余剰の増加分が大きい。一方で，メキシコとアルゼンチンの関税賦課前の価格（生産性）の差異が小さいため，関税収入がなくなったことによる厚生水準の減少分が少ない。そのために，総余剰が増加している。

もう少し詳しく説明すると，MFN関税が大きい場合には特恵貿易協定によって関税がなくなった分，市場価格が大きく下がり輸入量が増えるので消費者余剰の増加分が大きい。一方で，もともと（MFN関税のとき）の輸入先の価格が特恵貿易協定締結後に切り替わった輸入先の価格よりも大幅に低い場合，つまりもともとの輸入先の方が生産性が高く安く供給できていた場合，協定締結によって，より生産性の低い国から輸入することになる（「貿易転換」）。この場合，関税がゼロになっても市場価格の低下が小さいため，消費者余剰の増加が小さく，関税収入がなくなることによる余剰の減少分が大きくなる。2つのケースを比較するとわかるが，前のケースの方が，アルゼンチンとメキシコの供給曲線の差，すなわち価格差が大きい。協定締結前にはメキシコから輸入していたものを協定締結後に，メキシコよりも明らかに生産性の低い（価格競争力のない）アルゼンチンから輸入するようになってしまったため，貿易転換部分が大きく，全体として厚生水準が低下してしまうわけである。

このように特恵貿易協定が自国の厚生水準を上げるか下げるかは状況によるのである。実証研究においては，NAFTAやMERCOSURにおいて，厚生水準の低下がみられるとの研究結果があるものの，どちらかというと特恵貿易協定による厚生水準の向上を示す研究結果が多い。ただし，図10-2〜図

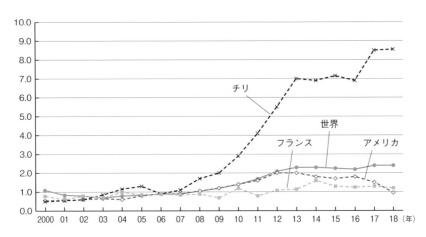

（出所） 税関「財務省貿易統計」のデータより筆者作成

図 10-5　日本のワイン輸入額の推移（2006 年＝1）

10-4 での理論的な分析は，関税撤廃による短期的な厚生水準の変化を考察
したものである。長期的には，特恵貿易協定の締結によって外国直接投資が
流入し外国企業が持つ新技術が国内に浸透するなど，関税の削減や撤廃以外
の他の正の効果もある。つまり，関税の変化による直接的な効果以外のさま
ざまな効果によって，特恵貿易協定の長期的な厚生向上効果は正になる場合
もあるし，負になる場合もあるのだ。

　本節の最後に，貿易創出・貿易転換の事例をみてみよう。図 10-5 は日本
のワインの輸入金額の推移を，2006 年の輸入金額を 1 として表している。
日本とチリは 2007 年に自由貿易協定（もしくは，経済連携協定）を発効させ，
その後，チリからのワイン輸入は明らかに急増している[8]。同時期の世界から
のワインの輸入も同様に増加しているものの，アメリカからの輸入は 2012
年頃から減少している。全体として貿易創出効果がみられるが，米国産ワイ
ンとの貿易転換効果も若干みられるといえるだろう。

8　ボトルワインの日本側輸入税率は，協定発効前に 15％または 125 円 / ℓ のうちいずれか低い
　税率，ただし下限税率 67 円 / ℓ であったものを 12 年間で段階的に撤廃することが約束された。

本講では，第二次世界大戦後，多国間での貿易自由化を推進してきた
GATT や WTO の根幹のルールとなっている最恵国待遇や，特定の国々の間
で結ばれる特恵貿易協定などを解説した。さらに，特恵貿易協定が経済厚生
に与える影響は，貿易創出効果と貿易転換効果のどちらが大きいかによって
決まることを学んだ。

■ Active Learning

《練習問題》・・・

1. 1986 年，EC（欧州共同体）が日本の酒税に関して GATT に提訴した。同訴
   訟案件についてウェブサイトで調べ，本講で学んだ GATT-WTO の原則の観点か
   ら争点を整理しなさい。
2. ドミノ効果およびスパゲッティ・ボウル現象について説明しなさい。
3. 特恵貿易協定によって，貿易創出効果＞貿易転換効果となる場合と貿易創出効
   果＜貿易転換効果となる場合のグラフを描き，説明しなさい。

参 考 文 献

● Baldwin, R. E.（2008）"Managing the Noodle Bowl: The Fragility of East Asian
  Regionalism," *Singapore Economic Review* 53(3): 449-478.

第11講
国際貿易の実証分析

■第4講, 第5講で伝統的国際貿易論における2つの重要な理論（リカード・モデル, HO モデル）を学んだ。本講では, 実際のデータを用いてこれらの理論を実証した分析について紹介する。

11.1 顕示比較優位----------------------------------

　リカード・モデルや HO モデルでは, 比較優位に基づいて貿易パターンが決まると説明している。では, 実際にどの国がどの財の生産に比較優位を有しているかをどのように調べるのだろうか。直接的な方法は, それぞれのモデルの比較優位の源泉を計測することであろう。リカード・モデルであれば生産性の差異であり, HO モデルであれば生産要素の相対的な賦存量の差異である。しかし, ある国のある産業の費用曲線を推定して生産性を厳密に計測したり, 生産要素の相対的な賦存量を推定するには, 各国間で比較可能なさまざまなデータを収集しなければならない。それを多くの国に対して実施するのは大変な労力と時間を必要とする。たとえば, 土地の肥沃さについてもフランスとアルゼンチンでどちらが肥沃かは, 計測の仕方にもよるであろうし, それぞれの国内の地域によっても大きく異なるであろう。このように比較優位の源泉を直接的に計測することは極めて困難である。

　ここで視点を変えて考えてみよう。生産性の差異や生産要素の相対的な賦存量の差異の結果として, 得意分野の財が輸出されるわけであるから, 結果である輸出を分析すればどの財に比較優位を持っているかを判別することができるのではないか。この発想を用いたのが顕示比較優位（RCA：Revealed

Comparative Advantage）と呼ばれる概念であり，以下の式で定義される。

$$顕示比較優位指数_{ij} = \dfrac{\dfrac{i 国の j 品目の輸出額}{i 国の輸出総額}}{\dfrac{世界の j 品目の輸出額}{世界の輸出総額}}$$

　上の式は，世界の輸出総額に占める j 品目の輸出シェア（分母）に対して，i 国の輸出総額に占める j 品目の輸出シェア（分子）を比較したものであり，分子が大きければ i 国は世界の平均よりも高い割合で j 品目を輸出していることになる。すなわち，それだけ j 品目について比較優位を持っていると考えることができる。たとえば，j 品目を自動車とし，世界の輸出総額 20 兆ドルのうち，自動車の輸出額が 1 兆ドルとしよう。このとき，分母である（世界の j 品目の輸出額 / 世界の輸出総額）は，$\frac{1}{20}$ である。すわなち，世界の輸出総額の中で自動車の輸出が占める割合は 20 分の 1 ということである。これに対して日本の輸出総額が 1 兆ドルとし，そのうち自動車の輸出額が 0.25 兆ドルであるとすると，分子の（i 国の j 品目の輸出額 / i 国の輸出総額）は $\frac{1}{4}$ となる。すなわち，日本の輸出総額のうち自動車輸出が占める割合が 4 分の 1 ということである。世界の輸出の中で自動車の輸出がどの程度のシェアを持っているかに対して，日本の輸出の中で自動車の輸出がどの程度のシェアを占めているかを示しているのである。世界におけるシェア 20 分の 1 に対し，日本におけるシェアが 4 分の 1 と高いので，それだけ日本は自動車輸出に比較優位を持っているはずだということになる。データが示唆する（データによって顕わに示された）比較優位である。

　表 11-1 は，2015 年の貿易データを用いて計算した日本，アメリカ，韓国，中国，タイの顕示比較優位指数である。顕示比較優位の高い順に上位 10 位の産業を示している。日本は，自動車や機械，医療用・精密・光学機器などに比較優位を有している一方，アメリカは農業や木材，機械，医療用・精密・光学機器などに比較優位を持っている。中国は，事務・会計機械に加えて衣服や皮なめし，紡績などに比較優位を示している。タイは，事務・会計機械に加えて，食品・飲料，ゴム・プラスチックなどが特徴的である。また，自動車・トレーラも上位にあり，タイには日本の自動車会社の工場が多く集

表 11-1　さまざまな国の顕示比較優位

ランキング	日 本	アメリカ	韓 国	中 国	タ イ
1	自動車，トレーラ	農業，狩猟	ラジオ，テレビ，通信	事務・会計機械	事務・会計機械
2	その他機械	林，木材伐出	その他輸送用機械	衣服	食品，飲料
3	医療用・精密・光学機器	医療用・精密・光学機器	医療用・精密・光学機器	皮なめし，仕上げ	ゴム，プラスチック
4	その他電気機械	コークス，石油，核燃料	自動車，トレーラ	紡織	自動車，トレーラ
5	その他輸送用機械	出版・印刷，記録媒体	コークス，石油，核燃料	ラジオ，テレビ，通信	家具
6	ゴム，プラスチック	化学薬品，化学製品	その他電気機械	家具	農業，狩猟
7	第 1 次金属製造	紙	金属製品	その他非金属鉱物	木材，木，コルク
8	ラジオ，テレビ，通信	その他機械	その他機械	その他電気機械	金属製品
9	その他非金属鉱物	自動車，トレーラ	第 1 次金属製造	金属製品	ラジオ，テレビ，通信
10	化学薬品，化学製品	ゴム，プラスチック	たばこ	ゴム，プラスチック	その他期間

（出所）　UN Comtrade の 2015 年貿易データより，ISIC コード第 3 版 2 桁分類にて顕示比較優位を筆者作成

積していることの現れであるといえよう。

11.2　ヘクシャー=オリーン・モデルの実証分析

　第 5 講で学んだように，HO モデルにおいては，生産要素の相対的な賦存量の差異が，貿易からの利得の源泉である。主な生産要素として，資本と労働を考えよう。表 11-2 は，2017 年における日本を含むいくつかの国の資本労働比率を計測したものである。一般に認識されているとおり，日本やアメリカの資本労働比率が約 0.34 と高く，次に韓国の約 0.27，中国とタイの同比率は約 0.12 と日本やアメリカなど先進国に比して低い。このような生産要素の相対的な賦存量の差異が比較優位を決定づけるというのが HO モデルである。

　HO モデルにおいては，相対的に多く有している生産要素をより多く使う財に比較優位が存在する。たとえば，中国の衣服である。衣服は労働集約的な産業であり，人口が多く賃金の安い中国は労働という生産要素を豊富に有している国だといえる。つまり，表 11-2 も示しているとおり，アメリカは

表11-2　2017年における各国の資本／労働比率

国	労働者数 （百万人）	資本ストック （1兆USドル）	資本／労働比率
日　本	67.29	22.80	0.339
アメリカ	164.27	56.20	0.342
韓　国	28.11	7.53	0.268
中　国	784.84	94.90	0.121
タ　イ	38.49	4.75	0.123

（出所）　World Bank, World Development Indicators（労働者数），Federal Reserve Bank of St. Louis, FRED Date（資本ストック）より筆者作成

表中の5か国中，最も資本労働比率が高く，労働に対してより多くの資本を有しているので，資本集約的な財を主に輸出しているはずである。これを最初に分析したのが，レオンティエフ（Wassily Leontief）である（Leontief, 1953）。レオンティエフがアメリカの貿易データと生産に使われる要素を分析したところ，アメリカの輸出財の生産に必要な資本労働比率（資本／労働）がアメリカの輸入財の生産に必要な資本労働比率（資本／労働）よりも低いことが判明した。数式で表すと，以下のようになっていたのだ。

$$\left(\frac{資本}{労働}\right)^{輸出} < \left(\frac{資本}{労働}\right)^{輸入}$$

表11-3は，レオンティエフが示した実際のデータからの計算結果であるが，輸出財の資本労働比率13,991.21が輸入財の資本労働比率18,183.92よりも小さい。すなわち，HOモデルからの予測とは逆の結果になったのである。これは，レオンティエフのパラドックスと呼ばれ，これは正しいのか，どうしてこのような結果が出たのかに関して多くの研究が実施された。

レオンティエフの分析は，生産要素を資本と労働の2つに分けていたが，労働者の中にも単純労働を担う非熟練労働者と高度な技術を持った熟練労働者が存在する。労働をこの2つの種類に分けるとアメリカは熟練（技能）労働集約的な財を輸出する傾向があることが示された（Baldwin, 1971）。また，HOモデルの前提（第5講を参照）を緩めれば，各国の生産要素賦存量の違

表 11-3　アメリカの輸出財と輸入財の生産に必要な資本量と労働量

	輸出財	輸入財
資本（ドル，1947 年ベース）	2,550,780	3,091,339
労働（人 / 年）	182.313	170.004
資本 / 労働　比率	13,991.21	18,183.92

（注）　輸出財または輸入財100 万ドルを生産するのに必要な資本
量と労働量を算出したものである。輸入財については，当該財
をアメリカ国内で生産した場合の値である。
（出所）　Leontief（1953）Table 3

いは，貿易パターンをかなりうまく説明する（Davis and Weinstein, 2001）。

11.3　重力モデル------------------------------------ （グラビティ・モデル（Gravity Model））

　本節では，国際経済学の実証研究においておそらく最も広く使われている実証モデルである重力モデルについて説明する。

　二国間の貿易は，それぞれの国の国内総生産（GDP）と二国間の物理的な距離によって決定づけられると考えるモデルである。物理学の重力の法則のように 2 つの物体は互いに引き寄せる（gravitate）作用を及ぼしあっているという法則に倣った発想であり，1962 年のティンバーゲン（Jan Tinbergen）の研究が始まりといわれている。式で表すと以下のとおりである。

$$\text{貿易額}_{ij} = \alpha \frac{(\text{国内総生産})_i^\beta * (\text{国内総生産})_j^\gamma}{(\text{距離})_{ij}^\delta}$$

$$(\beta, \ \gamma, \ \delta \text{は正の値をとるパラメータ})$$

　この式は，i 国と j 国間の貿易額は，i 国の GDP と j 国の GDP の積に正比例し，i 国と j 国間の距離に反比例するという関係を表している。

　たとえば，i 国を日本とし，日本から j 国への貿易（輸出）を考えよう。j 国にカナダとアメリカを想定しよう。日本とカナダとの距離は日本とアメリ

カとの距離とあまり変わらない。すなわち，距離$_{ij}$はほぼ同一である（距離$_{日本, アメリカ} \cong$ 距離$_{日本, カナダ}$）。日本の GDP は当然どちらの国に対しても同じように影響する。一方で，アメリカの GDP はカナダの GDP よりも大きい。すなわち，国内総生産$_{アメリカ}$の方が国内総生産$_{カナダ}$よりも大きい。よって，貿易$_{日本, アメリカ}$は貿易$_{日本, カナダ}$よりも大きくなると考えられる。また，日本から中国への輸出と日本からアメリカへの輸出を考えると，国内総生産においては世界 1 位のアメリカと世界 2 位の中国とではあまり大きな差はない。一方で，距離$_{日本, 中国}$は距離$_{日本, アメリカ}$よりはるかに小さい。よって，日本と中国との貿易の方が上の式における分母の数値が小さいので，貿易$_{日本, 中国}$は貿易$_{日本, アメリカ}$よりも大きくなると予想される。

なお，上記の重力モデル式は，非線形（足し算引き算でなく，掛け算割り算の形）の式になっている。計量分析の際に非線形推計は計算に非常に時間がかかるため，線形（足し算引き算の形）に変換することにより，コンピューターに短い時間で計算させることができる。上の式の対数をとると，以下のように簡単に線形化できる。

$$\log(貿易額_{ij}) = a + b_1 \cdot \log(国内総生産_i) + b_2 \cdot \log(国内総生産_j)$$
$$+ b_3 \cdot \log(距離_{ij})$$

ここで，$a = \log(\alpha)$，$b_1 = \beta$，$b_2 = \gamma$，$b_3 = -\delta$ である。実際の各国間貿易額や距離，GDP のデータを使って，この式を推定すると，係数 b_1，b_2，b_3 の推定値が得られる。これらの推定値の期待符号を考えてみよう。輸出国（i）の GDP が大きければ貿易額は大きいと期待されるので，b_1 の推定値は正の値になると予想される。輸出国（j）の GDP についても同様に b_2 の推定値は正の値になると予想される。一方で，両国間の距離については，距離が遠いほど貿易額は小さいと期待されるので，b_3 の推定値は負になると予想される。たとえば，b_1 の推定値が 1 であった場合，それが意味するのは平均的に GDP が 1% 増えると貿易額が 1% 増える，ということである。同様に，b_2 の推定値が -0.9 であれば，距離が 1% 長くなると，平均的に 0.9% 貿易額が減少する，ということを意味する。

このように，重力モデルの基本的な説明変数（右辺に入る変数）は，GDP

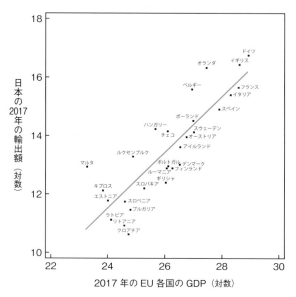

（出所）　UN Comtrade より筆者作成

図 11-1　輸出額と相手国 GDP との関係

と距離であるが，これらの変数以外にも二国間の貿易に影響を与える変数は
あるだろう。たとえば，イギリスとアメリカのように英語という共通言語を
使用する国どうしであれば，より貿易しやすいかもしれない。また，特に
1990 年代より多く締結されてきた自由貿易協定も貿易の拡大に寄与したと
考えられる。これらの変数を上記の基本モデルに加えることによって，共通
言語や自由貿易協定が貿易額に与えた影響を推定することも可能である。

　それでは，実際のデータを使った推定結果をみてみよう。図 11-1 は，日
本の EU 諸国への輸出額と EU 諸国の GDP との関係を示している。輸出額
と相手国 GDP との関係を鮮明にみるためにここでは日本からの距離がほと
んど変わらない EU 諸国に絞って示している。図中の右上がりの直線は，最
小二乗法による近似線である[1]。相手国の GDP が高いほど，輸出額が多いこ
とが明白である。

1　最小二乗法については，計量経済学の入門書を参照のこと。

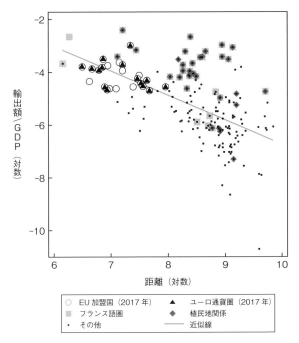

縦軸: 輸出額／GDP（対数）
横軸: 距離（対数）

凡例:
○ EU加盟国（2017年）　　　▲ ユーロ通貨圏（2017年）
※ フランス語圏　　　　　　◆ 植民地関係
・ その他　　　　　　　　　── 近似線

（出所）　UN Comtrade より筆者作成

図 11-2　フランスからの輸出額と相手国との距離の関係

　次に図11-2は，フランスの各国への輸出額／GDPと距離，およびその他
の変数との関係を表している。フランスの貿易相手国は最貧国から先進国，
隣国から遠くオーストラリアなど相手国のGDPも距離も大きな差異がある。
輸出額とGDPと距離という三次元の関係をここでは二次元で表したいため，
輸出額をGDPで除したもの（輸出額／GDP）を縦軸にとっている。数式で考
えると上記重力方程式の国内総生産$_j$を左辺に移行することで，左辺を
$\dfrac{貿易額_{ij}}{国内総生産_j}$とし，右辺の距離$_{ij}$との関係を考察しているのである。なお，ここ
では，i国はフランスのみなので国内総生産$_i$は無視してよい。距離と輸出
額／GDPの間に負の関係が確認できる。また，灰色の四角で囲まれた国々
はフランス語圏の国であり，これらフランス語圏への輸出／GDPは近似線
よりもほとんどが上に位置していることより，共通言語は輸出を増やすこと

が読み取れる。旧植民地である関係（ひし形でマークされている国々）も輸出額を増やす傾向にある。一方で，EU加盟国（丸で囲まれた国々）やユーロ通貨圏国（三角でマークされた国々）は，近似線の近くに位置していることより，輸出額/GDPへの影響は明確には読み取れない。

11.4　貿易の実証分析に用いるデータの紹介…

　貿易データは，数ある統計の中でも，膨大な量のデータが比較的正確に蓄積されており，多くの国，多くの品目，長い期間を網羅している。その意味で，さまざまな分析が詳細なレベルで可能だという利点がある。

　貿易データの財コードは，**第1講の1.4節**にも述べたとおり，輸出，輸入ともに同一の財には国際的に統一された同一のHS6桁コードが与えられている。HS6桁コードの総数は，約5,000品目に上る。各国は，独自に6桁よりもさらに細かい財コードを付して，輸出，輸入を記録している。日本は6桁の国際統一コードをさらに細分化して9桁レベルで記録しており，アメリカは10桁で記録している。6桁よりも細かいコードは，輸出財と輸入財とでは必ずしも一致しない。各国が収集した詳細な貿易データは国際連合に報告され，国際連合統計局が同貿易データを6桁コードのレベルで公表している。このデータは，UN Comtrade（https://comtrade.un.org/）データベースよりダウンロードが可能で，輸出入額，輸出入数量，数量単位，輸出入先の情報が含まれている。

　一方，先進国を中心に自国の通関統計データを公表している国も多い。たとえば，日本は通関の所轄官庁である財務省が毎月の貿易データを9桁品目別に公表し，さらに全国各地の税関別の輸出入実績も同9桁にて公表している。アメリカや欧州連合も同様にデータを公表している。アメリカのデータはUSA Trade Online（https://usatrade.census.gov）より購読可能で，このうち一部のデータは，The Center for International Data（https://cid.econ.ucdavis.edu/）からも入手可能である。欧州連合も，Eurostat（https://epp.eurostat.ec.europa.eu/portal/page/portal/eurostat/home/）にて公表している。

HSコードは，最も古いデータで1988年から利用可能だが，利用可能な年は，国ごとに異なる。HSコードの他に多く利用されているコードにStandard International Trade Classification（SITC）コードがある。同コードは，1桁，2桁，3桁，4桁，5桁から成り，5桁でのコード総数は約1,200である。SITCコードでの貿易データは，最も古いもので1962年から利用可能であるが，詳細な品目別に付与されたHSコードによる貿易データと比較すると，粗い分類になっている。HSコードと同様に利用可能な年は，国により異なる。SITCコードでの貿易データも前述のUN Comtradeよりダウンロード可能である。

11.5 まとめ

本講では，国際貿易論の実証研究について紹介した。顕示比較優位指標を学習し，ヘクシャー=オリーンモデルの実証分析を紹介した。さらに，貿易に関する実証分析でよく用いられる重力モデルについて学んだ。

> ### コラム 11.1 貿易理論と重力モデル
>
> 　読者の中には気付いた方がいるかもしれないが，重力モデルの要素（変数）には比較優位が入っていない。重力モデルを初めて貿易の分析に応用した，オランダの経済学者ティンバーゲンは，重力モデルを理論から導き出したわけではない。データの観察からこのような関係があるのではないかと仮説を立てて，それを計量分析で検証したのである。ティンバーゲンの研究の後，貿易理論モデルから重力モデルが導出できることが明らかにされた。比較優位がなくても貿易が発生するモデルとして広く知られているのは，**第6講**で学んだ新貿易理論（Krugman, 1979, 1980）であるが，同理論から重力モデルを導出できることが明らかにされている他，ヘクシャー=オリーン・モデルからも導出できることが示されている。このように，重力モデルは，実証分析の観点からも説明力が高いだけでなく，理論からも導出できる式ということで，非常に広く利用されるようになったわけである。

《練習問題》‧‧

1. 財務省通関統計やジェトロ（日本貿易振興機構）などのウェブサイトからデータを入手し，日本の自動車の顕示比較優位指数を計算しなさい。

2. 財務省通関統計やジェトロなどのウェブサイトより 2019 年の日本の EU 諸国への年間輸出総額データを入手し，また，世界銀行の World Development Indicator データベースなどより EU 諸国の GDP を入手してみよう。そして，これら 2 つのデータの相関関係をデータのプロットおよび相関係数の算出などにより確認しなさい。

3. 財務省通関統計より 2019 年から 2021 年の間の月次輸出額データおよび月次輸入額データを入手し，新型コロナウイルスによって日本の貿易がどの程度変化したか確認しなさい。

参 考 文 献

● Baldwin, R. E.（1971）"Determinants of the Commodity Structure of U.S. Trade," *American Economic Review* 61(1):126–146.

● Davis, D. R., and D. E. Weinstein（2001）"An Account of Global Factor Trade," *American Economic Review* 91(5): 1423–1453.

● Leontief, W.（1953）"Domestic Production and Foreign Trade: The American Capital Position Re-Examined," *Proceedings of the American Philosophical Society* 97(4): 332–349.

第12講
海外直接投資と多国籍企業

■企業が海外市場に製品やサービスを供給する方法は貿易だけではない。海外に拠点を持ち多国籍企業となる目的やその経済的影響，多国籍企業を中心とした国際分業について学ぶ。

12.1　海外直接投資 --------------------------------

　海外直接投資（FDI：Foreign Direct Investment）を行って複数の国に事業拠点を設け，複数の国で活動する企業を多国籍企業（Multinational Enterprises（MNEs），Multinational Corporations（MNCs），Transnational Corporations（TNCs）などの呼び方がある）というが，こうした企業は海外拠点での生産や販売のみならず，各国におかれた拠点間で中間財や最終財を貿易しあうなど，世界貿易に深くかかわっている。特に1990年代以降に大きく進展した貿易や投資の自由化や情報通信技術の進歩による輸送や通信費用の低下などは，企業の国境を越えた事業活動を後押しし，世界貿易の拡大にも大いに寄与した。

　企業が海外市場に製品やサービスを供給する方法として，大まかにいって輸出か，海外直接投資か，技術供与（ライセンシング）による生産委託かの3つの選択肢がある（図12-1）。海外直接投資とは，投資先企業の経営を目的とした外国への投資のことをいい，企業は直接投資した資金を用いて外国に子会社を新規設立したり，外国の会社の株式を取得してその企業を買収したりする。こうして取得した海外子会社のことを海外現地法人ともいう。企業は，直接投資を行って，外国に事業拠点となる子会社を所有することにより

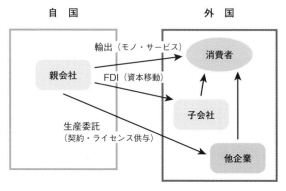

図12-1　海外取引，海外事業展開のさまざまな形態

「多国籍企業」となるのである。一方，配当金や株式等の売買差益（キャピタル・ゲイン）の獲得を目的として外国企業に投資することを証券投資（ポートフォリオ投資・間接投資）というが，企業経営を目的としないという点で直接投資とは性格の異なる投資である。ある企業の株式をどれだけ保有すれば経営に参加できるのか厳密な定義はないものの，「国際収支統計」（**第1講**参照）では，IMFマニュアルに従って，議決権ベースで10％以上の株式を保有している場合を直接投資と定義している。

　直接投資にもさまざまな形態がある。新規に子会社を設立する場合は，グリーンフィールド投資（青田買い投資）といい，既存の外国企業を合併・買収（M&A：Mergers & Acquisition）して自社の子会社にする場合は，クロスボーダーM&A（国境を越えたM&A，ブラウンフィールド投資）という。先進国に対する直接投資においてはM&Aの場合が比較的多く，発展途上国に対する直接投資においてはグリーンフィールド投資の場合が比較的多いという傾向がみられる。

　複数の国に拠点を所有する多国籍企業において，経営への参加の度合いは企業や進出先によってさまざまである。海外子会社の株式を100％所有し，「完全所有」（Wholly-owned）子会社を保有している場合もあれば，現地や第3国の企業と共同で現地法人の株式を保有する「合弁事業方式」（Joint-

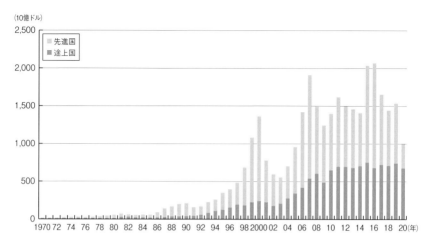

（10億ドル）

（出所）　国連貿易開発会議（UNCTAD）

図 12-2　世界の対内直接投資の推移：1970–2020 年

Venture）で海外事業を展開する企業もある。一般に，株式の 50％超を所有する場合を過半数所有（Majority-owned）と呼び，他社との折半出資（50％対50％）や，50％未満の少数所有（Minority-owned）と比べて，経営により強く関与できる。

　世界と日本の直接投資の動向を大まかにみてみよう。図 12-2 のように，世界の直接投資は 1980 年代後半から顕著に増加し始めた。2000 年代前半にいったん減少したものの，その後急速に増加し，近年は変動しつつも高い水準を維持している。発展途上国向けの直接投資も 2000 年代に大きく拡大し，近年は，先進国向けと途上国向けがほぼ半分ずつとなっている。

　日本企業も特に 1980 年代以降，活発に海外直接投資を行ってきた。1970年代から 80 年代にかけて，日本から欧米への輸出拡大が深刻な貿易摩擦を引き起こし，日本からのさらなる輸出拡大が難しい状況になった。それを受けて，自動車企業がアメリカに直接投資を行って現地生産に踏み切るなど，海外直接投資が増え始めた。さらに，1985 年のプラザ合意後の急激な円高によって，日本からの輸出が不利になったこともあり，日本の製造業企業は

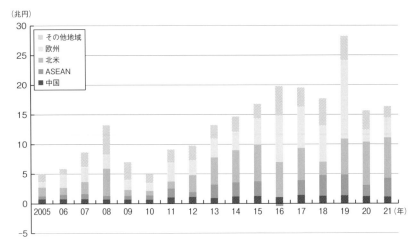

（出所）　日本銀行「対外直接投資統計（国地域別業種別）」

図12-3　**日本の地域別対外直接投資の推移**

東南アジアなどの拠点での海外生産を拡大した。そのころ，東南アジア諸国も，原材料や部品等の輸入関税減免などの優遇措置を与えることによって，輸出指向型多国籍企業を誘致し経済成長へつなげる政策をとっていた。現地で調達できない中間財の輸入を容易にする一方で，現地の労働者を使って生産した完成品を積極的に海外に輸出することによって輸出主導型の経済成長を指向していた。1990年代に入ると，多くの日本の製造業企業が中国への進出も積極化し，アジアを中心に国境を越えた生産分業を進展させた。

　日本企業は，欧米においては主にM&Aによって外国企業の技術やノウハウを取得し，事業活動を拡大させてきた。図12-3は，日本企業の外国への直接投資額（対外直接投資）の推移を示している。既存企業のM&A案件が多いことを反映して，金額でみると対欧米への投資額が大きい。2008年のリーマン・ショック後に対外直接投資額が減少したものの，どの地域に対しても概ね対外直接投資は増加傾向である。

　そして，表12-1のとおり，日本は，対外直接投資額でみると，世界の上位にランクしており，外国で積極的に企業を経営し事業を展開している。し

表 12-1　世界の直接投資上位 10 か国・地域（2019 年）

（単位：100 万ドル）

	対内直接投資		対外直接投資	
1	アメリカ	246,215	日　本	226,648
2	中　国	141,225	アメリカ	124,899
3	シンガポール	92,081	オランダ	124,652
4	オランダ	84,216	中　国	117,120
5	アイルランド	78,234	ドイツ	98,700
6	ブラジル	71,989	カナダ	76,602
7	香　港	68,379	香　港	59,279
8	イギリス	59,137	フランス	38,663
9	インド	50,553	韓　国	35,531
10	カナダ	50,332	シンガポール	33,283

（注）　カリブ地域の金融センターを除く。
（原資料）　UNCTAD データから作成。
（出所）　日本貿易振興機構「ジェトロ世界貿易投資報告 2020 年版」

かし，外国から日本への直接投資（対内直接投資）は，対外直接投資に比べて極めて少ないことが以前から指摘されている。たとえば，2019 年の対外直接投資額が 20 兆円を超えていることに対して，対内投資額は 3 兆円程度にとどまっている。日本の経済規模に対して極端に少ない外国からの直接投資を増やすべく，日本政府は 1994 年に対日投資会議を設置し，それ以降，対内投資促進政策を打ち出してきた。その結果，対内直接投資は徐々に増加してきたものの，対外直接投資とのアンバランスは拡大している。

12.2　多国籍企業

　企業は，海外直接投資を行って複数の国に事業拠点を設けることにより多国籍企業となる。わざわざ外国に事業拠点を持たなくても，自国で生産して輸出することによって外国市場に財やサービスを供給することは可能である。

もちろん，外国の市場に近いところで生産・供給すれば輸出にかかる輸送費用などは節約できるわけだが，外国に拠点を設けるには多額の資金を投資しなければならない。では，なぜ多国籍企業になるのだろうか。伝統的な多国籍企業の理論では，主に3つの要因（経営資源の優位性，立地の優位性，取引の内部化）が指摘されてきた。まず，経営資源（原材料調達，技術，ブランド，流通チャネルなど）の優位性を持つ企業は，顧客に好まれる製品をより低コストで生産・供給することができると考えられる。現地企業にない優れた経営資源を有する企業は，海外市場でも優位に立ち大きな利益をあげることができるため多国籍化すると説明される（市場追求動機）。

とはいえ，自ら海外進出しなくても，現地の企業に技術を供与して（ライセンシング）生産や販売を委託し，自社のブランド名で外国市場に供給する方法もある。しかし，その場合，委託先の現地企業を探し，生産・販売に関する契約を締結するなどの「取引コスト」がかかる。特に，他社へ流出させたくない重要技術や，契約書に文書化しにくい技術やノウハウが必要な場合，取引コストが大きくなる。他社に委託するのではなく，自社の子会社で生産・販売を行えば，他社との取引を自社内に「内部化」することになり，取引コストを節約できる。

たとえば図12-4のように，企業Aが企業Bから部品を調達し，完成品を製造，そして，企業Cを通じて消費者に製品を販売する場合または企業Cにライセンス供与し生産委託する場合を考えよう。このとき，企業Aは企業Bと企業Cとの間でそれぞれ契約を取り交わしたり技術情報を提供したりしなければならず，取引コストが発生する。もし，企業BやCを企業Aが子会社化するなどして，取引を内部化すれば取引コストを節約できるのだ。企業Bや企業Cが外国の企業である場合，企業Aは外国に直接投資を行って，企業BやCを自社の海外子会社とすることになる。ライセンシング等にともなう取引コストに比べて，直接投資によって取引を内部化する費用が小さければ，直接投資を行って自社の子会社で事業を行うと考えられる。特に，取引先が外国企業や長期的関係のない企業の場合は，取引相手に関する情報が少なく，相手の機会主義的行動（相手を欺いてもうけようとする）を防ぐため，詳細な契約を取り交わす必要がある。また，途上国などでは，法

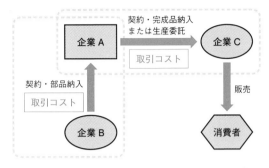

（注） 企業間取引を「内部化」し，同一企業となれば，取引にかかる費用を節約できる。

図 12-4　取引の内部化

律や制度が未整備で，契約を交わしてもそのとおり実行されない可能性がある。このように，国内企業との取引に比べて外国企業との取引にはより大きな取引コストがかかる場合があり，海外直接投資を行って取引を内部化しようという誘因が働くのである。

　さらに，外国の立地の優位性を活かす目的で多国籍化するケースもある。天然資源の確保を目的に天然資源の豊富な国に事業拠点を設けることもあるが，労働者の賃金が安い国で生産することによって生産コストの削減を図るために海外進出するケースもある。または，優れた技術の獲得のために，研究や技術の水準が高く，優れた技能労働者が豊富な国に事業拠点をおいたり，優れた産業基盤やインフラ，税制などを活用してより効率的に生産したりすることを目的とする場合もある。さらには，市場規模の大きな国に拠点をおけば，多くの消費者のニーズに合った財やサービスを迅速に供給することができる。

　このように，多国籍化の理由として主に上記の 3 つ，経営資源の優位性，立地の優位性，取引の内部化，が挙げられる。ダニング（John Dunning）は，それぞれを，所有（Ownership）の優位性，立地（Location）の優位性，内部化（Internalization）の誘因と呼び，これら 3 つが満たされた場合に多国籍化するという折衷理論（または，OLI パラダイム）を提唱した（Dunning, 1979）。

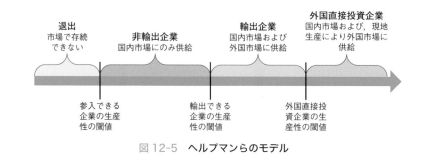

図12-5　ヘルプマンらのモデル

　このように多国籍企業の伝統的な理論が確立されているが，ダニングの折衷理論は体系的な理論として構築されたものというよりも，経験的に得られた事実をまとめたものである。貿易理論からのアプローチにより構築された理論として，**第7講**で取り上げたメリッツ・モデル（新新貿易理論）を拡張した理論モデルが登場してきた。メリッツ・モデルは，輸出開始の固定費用の存在と企業の異質性とを考慮し，生産性が高く輸出の固定費用を支払っても利潤を見込める企業が輸出を開始するという設定であった。ヘルプマンら（Helpman et al., 2004）は，直接投資を行って現地で生産すれば輸送費用はかからない代わりに直接投資のための固定費用が必要であると考え，かつ輸出開始の固定費用よりも直接投資のための固定費用の方が大きいと想定した。直接投資の場合，上で述べたように取引を内部化して取引コストを節約できる一方で，自ら事業拠点を設立するためのさまざまな情報収集や，物的・人的な投資が必要となる。そして，直接投資の固定費用をまかなえるほど十分に生産性の高い企業は直接投資をして海外に拠点を持ち，そこまで生産性は高くないものの輸出開始の固定費用ならばまかなえる企業は輸出のみを行い，より生産性の低い企業は輸出も直接投資も行わず，国内市場にのみ供給することになる（図12-5）。

　ヘルプマンらの理論モデルは，ミクロ経済学における企業間競争モデルを応用した貿易モデルから発展してきた考え方であるが，伝統的な多国籍企業理論である折衷理論とも整合的である。つまり，生産性が高いことは経営資

源の優位性と解釈すれば，O優位性が満たされている企業が多国籍化するといえる。また，直接投資の固定費用の大きさは，取引コストの大きさや進出先のさまざまな立地条件によって異なると考えられるため，I優位性やL優位性とも関連するものである。ヘルプマンらは，固定費用を支払うことのできる高生産性企業は，直接投資をして海外の市場に近いところから供給し，輸出の輸送費用を節約してより多くの利潤をあげることを理論的に示した。実際に，多くの国のデータから，生産性の高い企業が直接投資を行う傾向は確認されている。こうした理論モデルの登場によって，企業データから直接投資行動を検証し，さまざまな経済効果を推計するなど，企業の国際展開とその影響に関する数量的な分析が急速に進展した。

12.3 水平的直接投資と垂直的直接投資 ⸻

　輸出か，海外直接投資か，ライセンシングによる生産委託かの選択については上で説明したとおりだが，海外直接投資のメリットの大きさは海外での活動内容や直接投資の目的によって異なる。

　直接投資の目的によって水平的と垂直的といわれる2つのタイプの直接投資がある。水平的直接投資（Horizontal FDI）とは，本国の拠点とほぼ同種の活動を海外拠点でも行うための直接投資を指す。上のヘルプマンらのモデルは，水平的直接投資のように，自国と外国とで同じような生産活動を行い同種の財を生産するケースを想定したものである。直接投資の固定費用を支払って外国に生産拠点を設立すれば，関税等を含む輸送費用を節約できるだけでなく，現地消費者のニーズに合わせた製品をより大規模に生産し利潤を高めることができる。たとえば，輸送費用が比較的大きい財や，現地の市場規模が大きく，かつ現地ニーズに合わせて差別化された財を供給することがより重要な場合などに水平的直接投資が行われることが多い。

　しかし，日米貿易摩擦が激化した1980年代に日本の自動車メーカーがアメリカでの現地生産を拡大したように，貿易障壁を回避する目的で水平的直接投資が行われるケースもある。この場合でも，輸送コストの節約や現地市

場ニーズに合わせた製品差別化というメリットはあるだろう。しかし，貿易障壁以外の生産コストが高いにもかかわらず，貿易障壁回避のために水平的直接投資が行われているならば，これは比較優位に基づいた生産特化パターンとはいえず，生産を非効率にしてしまう可能性もある。

一方，国内拠点とは異なる活動を行うために海外拠点を設立するタイプの直接投資を垂直的直接投資（Vertical FDI）という。たとえば，国内生産の原材料として用いる天然資源を安定的に獲得するための直接投資は垂直的直接投資といえるだろう。また，海外の安い中間財や労働者を利用して生産コストを削減するために海外に生産工程の一部を移転することも，垂直的直接投資の例である。中国や東南アジアで生産活動を行う日本企業の多くが，これまで国内で行っていた生産活動の一部を生産コストの安いアジア諸国の拠点に移している。自社製品を販売するために外国に販売拠点を設立し，消費者のニーズに合わせた販売促進活動を行うようなケースも，垂直的直接投資といえる。さらに，外国の企業や大学・研究機関などと共同研究をしたり，それらの研究開発活動からスピルオーバー効果（労働者の移動や技術の模倣などを通じて知識やアイディアが他企業に伝播すること）を得て効率的な技術開発をしたりする目的で，研究開発拠点を海外に設けることもあるだろう。つまり，商品開発から原材料・部品の調達，製造，販売，アフターサービスまでの一連の活動を川上から川下への垂直的な流れと捉え，その中の一部分を海外拠点で実施するものを垂直的直接投資という。

こうした垂直的直接投資によって，特定の生産活動を最も低いコストで実施できる国で集中的に行うことができる。このような直接投資は，各国の比較優位に即した生産特化を促し，生産効率を高める可能性がある。ただし，工程を分割して分散立地することによって，各工程間で情報を交換したり中間財を輸送したりするための追加的な費用もかかる。各企業は，工程の分散立地によるコスト削減効果と追加的に発生するコストとを考慮し，「最適立地の最適生産」の実現を目指して垂直的直接投資を行うのである。

12.4 フラグメンテーション-------------------

　前節で，垂直的直接投資による工程の分散立地について説明した。一つの完成財の生産工程を細かく分けて，各生産工程を，それぞれの活動に適した立地条件の国に分散立地させることをフラグメンテーション[1]（または，工程間国際分業）といい，1990年代以降，アジアや欧州，北米などで活発に行われるようになった。たとえば，皆さんのTシャツや携帯電話はどこの国で作られているだろうか。Tシャツの原材料である綿花の多くはアメリカで生産されるが，それが中国へ輸出されて綿糸となり，織布工程を経て，ベトナムなどに輸出されて縫製され，Tシャツとなる。ただし，Tシャツにプリントされる柄はこれら以外の国でデザインされることも多い。携帯電話も同様に，商品開発や設計は，皆さんも名前を聞いたことがあるような電子通信機器メーカーが行うが，生産に必要なさまざまな部品は，さまざまな国の部品サプライヤーがさまざまな国の拠点で生産する[2]。そして，最終的に，各部品が中国などの組立工場に集められ，そこで携帯電話の完成品となって世界中に輸出される。

　このように，私たちの身近なさまざまなモノがフラグメンテーションによって生産されており，そこにはさまざまな国・企業がかかわっている。どの工程をどこに配置するかは，ヘクシャー＝オリーン・モデルのような比較優位の原理で説明できる。労働集約的な工程は労働が豊富で賃金が安い国（多くの場合は途上国）に，資本集約的な工程は資本が豊富で資本価格が安い国に，そして，知識（技能・熟練）労働集約的な工程は知識（技能・熟練）労働が豊富で技術知識の水準が高い国（多くの場合は先進国）に配置される。

　つまり，図12-6のように，比較優位に即して工程を国境を越えて配置することにより，生産費用が下がるわけだが，バラバラに配置された工程間を

1　「フラグメンテーション」という用語は，英語の fragment（バラバラにするという意味）からきている。ある財の生産工程をバラバラに分けるという意味がある。
2　たとえば，アップルは，iPhone などに搭載される部品のサプライヤーリストを公開している。ここから，さまざまな国に本社をおく部品企業のさまざまな国の生産拠点から部品を調達していることがわかる。

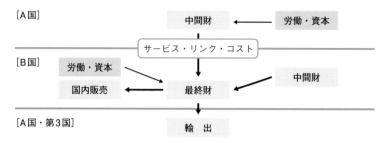

（注）　若杉（2007）図10-3をもとに筆者作成

図12-6　フラグメンテーションとサービス・リンク・コスト

連結する費用（サービス・リンク・コスト）がかかる。サービス・リンク・コストには，工程間の輸送費用，情報通信費用，時間費用などが含まれるが，モノが国境を越えるためには，関税，非関税障壁，通関手続き，税の減免を受ける証明書取得費用などさまざまな越境費用もかかる。さらに，各国で運輸業者や中間財サプライヤーを探す費用なども考慮しなければならない。

　サービス・リンク・コストがかかってもフラグメンテーションが進展してきた背景には，経済のグローバル化が進んだことがある。1980年代末に東西冷戦が終結し，欧州や北米，東南アジアなどで地域内の貿易障壁が低下し自由貿易が進んだ。また，中国やベトナムなどの社会主義国が市場経済化し，1995年には世界貿易機関（WTO）が設立されるなど，世界各国が自由貿易を推進してきた。また，情報通信技術の進歩は，輸送や情報通信の費用を大幅に低下させた。さらに，東欧やアジア諸国が開放的な経済政策をとって外国企業を誘致したことも，現地に進出した多国籍企業が活動しやすい環境を提供した（世界銀行（1994）などを参照）。

　多国籍企業による垂直的直接投資は，各国現地企業や労働者を巻き込んでフラグメンテーションの進展に貢献した。国連貿易開発会議（UNCTAD）の報告書などによると，世界貿易の約80％は多国籍企業どうし，または多国籍企業との貿易であるといわれ（UNCTAD, 2013），世界貿易において多国籍企業が極めて大きな役割を担っていることが推察される。フラグメンテー

ションの進展は，アジアや欧米などの広域地域内において，国境を越えた生産ネットワーク（またはグローバル・サプライチェーンやグローバル・バリューチェーンともいわれる，国境を越えた供給網）の構築に寄与した。グローバル・バリューチェーンについては，次の**第 13 講**で詳しく説明する。

12.5　直接投資の投資国，投資受入国への効果

　本講の最後に，直接投資が投資国および投資受入国の経済に与える影響について整理しよう。上に説明したとおり，水平的直接投資も垂直的直接投資も，貿易の量やパターンを変えることが予想される。たとえば，水平的直接投資を行うと，以前は自国で生産して輸出していた最終財が，現地生産に切り替わり輸出がなくなったり（輸出代替効果），自国から第 3 国に輸出していた財が，外国の生産拠点からの輸出に置き換わったり（輸出転換効果）するだろう。または，垂直的直接投資によって中間財生産を海外に移転し，それを自国が輸入するという逆輸入効果や，海外に移転した最終財生産のために，国内から中間財の輸出が発生する輸出誘発効果などもある。

　このように直接投資は貿易パターンを変化させ，さらに各工程を担っていた労働者の雇用や各工程に投入される中間財サプライヤーの生産活動にも影響を与える。直接投資は，投資国・受入国の双方で，産業構造や雇用構造を決定的に変化させるのだ。

■ 投資国への影響

　投資国側への影響としては，生産拠点が海外に移転することによって国内の雇用や産業基盤が失われ，産業が「空洞化」するという指摘がある。直接投資によって比較優位に即した生産特化が促されるならば，ヘクシャー=オリーン・モデルで説明されるように，比較劣位産業は衰退するかもしれない。しかし，比較優位産業が成長してより大きな特化の利益を得られるならば，一国全体としての利益は大きくなる可能性がある。

　むしろ，近年懸念されているのは，同一産業内における企業間の格差や労

働者間の格差の問題である。メリッツやヘルプマンらのモデルで説明されるように，生産性が高い企業は輸出や直接投資を行って利潤を増やす一方，生産性の低い企業は競争激化によって退出を迫られることになる。退出する企業に雇用されていた労働者がスムーズに他企業や他産業に移動できるのであれば，労働者に不利益なく，経済全体の効率性を高め，経済厚生が上がる。

　一方，各企業が垂直的直接投資によって，付加価値の低い産業部門や生産工程を賃金の安い国へ移転し，付加価値の高い部門や工程のみを本国にとどめるならば，低付加価値部門を担う単純労働者と高付加価値部門を担う技能労働者とで異なる影響を受けることになる。労働者間の賃金格差については**第13講**で詳しく論じるが，労働者が高生産性企業や高付加価値部門にスムーズに移動できない場合，失業などの経済的損失を被ることになる。

　しかし，低付加価値部門の海外移転にともない，余剰労働力を成長部門に向け，新産業や高度技術産業へと産業構造の高度化を実現できれば，投資国の持続的な経済成長につながるだろう。日本の場合，過去には加工組立型機械産業の成長や消費者向け最終財の輸出拡大を通じて経済成長を遂げたが，これらの産業や工程は他のアジア諸国などに移転した。今後はより付加価値の高いインフラ，プラント，システム産業の育成や，航空・宇宙，バイオ・テクノロジー，環境など新しい高度技術産業へのシフトが求められている。新産業の育成のために，他の先進国からの対内直接投資を誘致し，外国企業の技術を吸収することや競争を促進することも必要であろう。

　一方，対外直接投資を金融面から捉えると，豊富な資金を資本収益率の高い外国へ投資することによってより大きな投資収益を得ることである。つまり，資本市場に歪みがなければ，直接投資は資金の効率的配分を促すという望ましい面もある。

■ 投資受入国への影響

　投資受入国にとっては，さまざまな正の影響が指摘されてきた。たとえば，外国企業の進出によって新産業や雇用の創出につながると期待される。また，外国企業の優れた技術やノウハウを国内に取り入れることができるという技術移転効果や技術のスピルオーバー効果もあろう。消費者にとっても，外国

企業の生産する優れた財やサービスまたは差別化された財やサービスを消費することが容易になり，消費者の利益にもつながる可能性がある。

さらに，進出した外国企業に対して中間財などを提供する企業が参入したり生産が増えたりすることが期待される。外国企業の進出が，川上（進出した外国企業からみて後方）に位置する産業を発達させることは「後方連関効果」と呼ばれる。さらに，中間財サプライヤーの増加・拡大が川下（前方）に位置する最終財産業の拡大をもたらす「前方連関効果」も期待される。前方・後方の連関効果の好循環が実現すれば，受入国の産業構造の多様化や産業の厚みが増し，経済発展や経済成長が促進される。

一方，国内に有力企業が少ない発展途上国などでは，外国の巨大企業の参入が国内企業の撤退や縮小，参入の抑制を招き，市場競争が阻害されるかもしれない。巨大多国籍企業に自国の成長産業を支配されたり，戦略部門を占有されたりすることは，短期的には当該産業や一国全体の効率性や技術水準を向上させる可能性もあるが，長期的には国内企業の成長の阻害や，競争の欠如による非効率の発生などが懸念される。

こうした懸念から，途上国では出資比率規制により外国企業の支配力を制限したり，ローカル・コンテント規制により，国内の部品・中間財の一定程度の調達を義務付けたりする規制を課してきたところも多い。しかし，こうした規制は，1990年代後半以降かなり緩和・撤廃されてきた。また，外国企業に対し，一定割合の輸出を求める輸出要求や技術移転要求を行うこともある。これはGATTのウルグアイ・ラウンドで締結された「貿易に関連する投資措置に関する協定（TRIMs協定）」により禁止されたものの，まだ残存する。

また，多国籍企業の垂直的直接投資によって途上国に移転されるのが単純労働集約的な低付加価値部門であるならば，受入国の経済成長にともなって賃金が上昇すれば多国籍企業はさらに賃金の安い国へ生産拠点を移していく可能性もある。多国籍企業が受入国に定着し，より付加価値の高い部門を担えるようになるために，インフラや法制度の整備，人的資本の蓄積，技術水準の向上などが求められる。しかし，直接投資受入れによって経済成長を遂げ，低所得国から中所得国まで発展できたとして，そこから一段上の高所得

国まで発展することが難しいという「中所得国のわな」と呼ばれる問題も指摘されている。途上国の経済発展の実現のためには，単に直接投資を受け入れるだけではなく，同時にさまざまな国内政策を実施していく必要がある。

12.6　ま と め

　企業が海外市場に製品やサービスを供給するには，輸出，ライセンシングによる生産委託，直接投資などさまざまな形態がある。本講では，海外直接投資によって複数の国に拠点を設けて活動する多国籍企業について説明した。なぜ企業が多国籍化するかについて，伝統的な多国籍企業理論からの説明と，近年の貿易理論アプローチによる説明がある。前者は，経営資源の優位性，立地の優位性，内部化のメリット（取引コストの節約）などから説明する。後者は新新貿易理論のメリッツ・モデルを拡張し，直接投資にかかる固定費用をまかなうことができるほど生産性が高く利潤の大きい企業が多国籍化すると説明する。

　また，直接投資の目的によって水平的と垂直的な直接投資があり，それぞれ異なるメリットがある。特に垂直的直接投資は，各国の比較優位に即した生産特化・分業を促し，国境を越えたフラグメンテーション，企業間ネットワークの形成につながった。直接投資を通じた多国籍企業の活動は，投資国・投資受入国の雇用や産業構造，経済成長にさまざまな影響を与えるものである。

コラム 12.1　企業内貿易とトランスファー・プライシング

　同一企業グループ内の異なる国に立地する拠点間（親会社と子会社や関連会社間または子会社どうし）の貿易を「企業内貿易」といい，国連貿易開発会議（UNCTAD）の報告書などによると，世界貿易の約3分の1が多国籍企業の企業内貿易であると推定される（UNCTAD, 2013）。企業内貿易の背景には，各企業が各国の比較優位に従って戦略的に拠点を配置し分業を行うことによってグループ全体の利潤を最大化するという企業行動がある。企業内貿易において設定される価格をトランスファー・プライス（移転価格）という。企業グループ

全体の利潤最大化は合理的行動だが，移転価格の調整により，拠点間の利潤の配分を変えることが可能となってしまう。多国籍企業の場合，たとえば，法人税の低い国に利益を集めるような価格付けをすれば，企業全体としての税支払いを減らすことができ，このような租税負担を回避する行動を「トランスファー・プライシング（移転価格調整）」という。

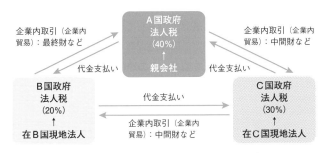

図 12-7　トランスファー・プライシング

　図 12-7 で，法人税率の低い B 国の現地法人の利益配分が大きくなるように移転価格を調整すれば，多国籍企業全体としての税支払いを軽減できる。親会社から在 B 国現地法人への代金支払いは高価格を設定することで増やし，在 B 国や在 C 国現地法人から親会社への，あるいは在 B 国現地法人から在 C 国現地法人への代金支払いは低価格を設定することで減らすことができる。

　移転価格を操作することは違法であるが，厳密にどこまでを違法とするか判断が難しく，本来徴収できたはずの法人税を逸失することになる各国政府や移転価格調整ができない非多国籍企業等から批判されている。経済協力開発機構（OECD）などの国際機関や各国政府が協調してトランスファー・プライシングの防止策を検討しているが，富裕層の移住や企業の進出を促すため税制上の優遇措置を設けているタックス・ヘイブン（租税回避地，Tax Haven）などもあり，完全にトランスファー・プライシングを規制するのは難しい。

■ **Active Learning**

《練習問題》‥‥‥‥‥‥‥‥‥‥‥‥‥‥‥‥‥‥‥‥‥‥‥‥‥‥‥‥‥‥‥‥‥‥

1. 世界の代表的な多国籍企業としてどのような企業を思い浮かべるだろうか。いくつかの企業名を挙げ，それらの企業がどのような国でどのような活動をしてい

るかを調べてみよう。

2. どういう場合に「取引コスト」が高いと考えられるか。どのような条件の国や産業・企業において，ライセンシングよりも直接投資がより好まれると考えられるかを論じなさい。

3. フラグメンテーションによって生産されている身近なものを1つ例に挙げ，どのような工程がどこに配置されて，最終財となっているかを調べてみよう。

4. 日本政府が対内投資を促進し続けているものの，他の先進国と比較して日本への対内直接投資は低水準が続いている理由は何だろうか。これまでの調査研究の中で指摘されてきた問題点などを調べ，その理由を考えてみよう。

参 考 文 献

● 世界銀行（1994）『東アジアの奇跡：経済成長と政府の役割』東洋経済新報社。
● 若杉隆平（2007）『現代の国際貿易：ミクロデータ分析』岩波書店。
● Dunning, J. H.（1979）"Toward an Eclectic Theory of International Production: Some Empirical Tests," *Journal of International Business Studies* 11(1): 9-31.
● Helpman, E., M. J. Melitz, and S. R. Yeaple（2004）"Export versus FDI with Heterogeneous Firms," *American Economic Review* 94(1): 300-316.
● United Nations Conference on Trade and Development（UNCTAD）（2013）*World Investment Report 2013*, United Nations, New York and Geneva.

第13講
オフショアリングと
グローバル・バリューチェーン

■企業は，自社の海外拠点での生産や海外の他社への生産委託，海外の他社からの生産受託など，さまざまな形でフラグメンテーションにかかわっている。

13.1　オフショアリング--------------------------

　第12講で，多国籍企業の垂直的直接投資によってフラグメンテーションが拡大・進展し，さらにアジアや欧米などの広域地域内で国境を越えた生産ネットワーク（グローバル・サプライチェーン，グローバル・バリューチェーンともいわれる，国境を越えた供給網）が構築されたことを述べた。しかし，フラグメンテーションの担い手は多国籍企業だけではなく，自国・外国のさまざまな企業がかかわっている。

　表13-1は，フラグメンテーションの担い手を大きく4つの類型に分けたものである。多国籍企業の場合，自社の国内拠点で生産する（インソーシングともいう）か，自社の海外拠点（外国にある子会社，現地法人）で生産する（海外インソーシングまたはオフショア・インソーシングという）かのパターンがある。また，すべての工程を自社で行うのではなく，一部の工程は他社に生産委託（アウトソーシング）するという選択もある。国内の他社に生産委託する場合を国内アウトソーシングといい，海外の他社に生産委託する場合を海外アウトソーシングまたはオフショア・アウトソーシングという。一般的に，自社の海外拠点で生産する場合と海外の他社に生産委託する場合とを合わせて「オフショアリング」と呼ぶ。

　アウトソーシングを行う場合，第12講でも述べたように他社に技術供与

表 13-1　フラグメンテーションの担い手

	国　内	外　国	
企業内	国内自社生産 (Insourcing)	外国子会社生産（Foreign/ offshore insourcing）← FDI	オフショアリング (offshoring)
企業外	国内他社生産 (Domestic outsourcing)	外国生産委託（Foreign/ offshore outsourcing）	

（ライセンシング）をしたり，他社との取引契約を結んだりする必要が生じる。そこで取引コストが発生するのだが，いくつかの工程を他社に委託することによって，自社が最も強みを持つ，中核（コア）となる企業活動に特化できるというメリットがある。たとえば，自動車メーカーや電気機械メーカーなどは国内外の自社工場でも生産する一方，一部の車種や部品を国内外の他社に生産委託している。また，消費者に馴染みのあるアパレル・ブランドとして，ユニクロや GAP，ZARA などがあるが，これらは SPA（Specialty store retailer of Private label Apparel，製造小売）と呼ばれ，商品企画から製造，販売までを手掛けるアパレル企業である。ただし，これらの企業は自社工場を持たず，製造は，主に海外（労働コストが安い国）の他社にアウトソーシングするケースが多い。他にも，家具の IKEA やニトリ，雑貨の無印良品，通信機器のアップルなど，製造部門は海外アウトソーシングし，自社は商品開発・企画や販売，アフターサービスなどに注力する企業は多い[1]。このように自社工場を持たないメーカーをファブレス企業と呼ぶこともある。

　このように，製造部門はほとんど他社に委託する企業もあるものの，大規模な製造業の多国籍企業の多くは，インソーシングとアウトソーシング，国

1　製造業においては，さまざまな形態で生産委託・受託が行われており，たとえば，OEM（Original Equipment Manufacturer）は，「相手先ブランド製造」といい，開発設計した企業から製造部分を委託され，その企業のブランド名の製品を製造すること，または製造する企業を指す。ODM（Original Design Manufacturer）は「相手先デザイン製造」といい，開発・設計から製造までを委託されて製造すること，または製造する企業を指す。一般的に，開発・設計能力の高い企業ほど，製造以外の工程も受託する傾向がある。また，特に，電子機器の製造を受託する企業を EMS（Electronic Manufacturing Services）と呼び，たとえば世界最大の EMS 企業といわれる台湾のホンハイ（フォックスコン）はアップルのスマートフォンの製造を受託している。

内生産とオフショアリングを組み合わせ，最も効率的な生産形態と拠点の配置を戦略的に考えている。アウトソーシングは，多くの場合，市場における一度だけの取引ではなく，企業間で契約を交わし，一定期間の取引関係を維持するケースが多く，完全な市場取引と内部化（内製化）との中間的な取引関係であるといえる。

　上にも述べたようにアウトソーシングのメリットは自社の中核部門に注力できることだが，他にもいくつかのメリットがある。全工程を企業内で行おうとすれば企業組織が拡大し組織内の調整費用が増大するが，一部の工程をアウトソーシングすることによって組織の非効率を改善できる。また，自社ですべての研究開発を行うのは時間と費用がかかるため，一部の開発設計や製造を他社へアウトソーシングすることによって，開発から製造までの時間を短縮できる。特に，技術進歩のスピードが速い分野ではアウトソーシングは重要な戦略になる。さらに，国家間の比較優位の考え方と同様に，自社と他社との間で比較優位に即して分業することによって，低コストでより多くの生産が可能になる。ただし，アウトソーシングには取引コストも発生するため，各企業はアウトソーシングのメリットとコストを勘案して戦略を立てることになる。

　表13-1の4つのパターンのうち，どのような企業がどのパターンを選択するのかを貿易理論のアプローチから理論的に精緻化したのが，アントラス（Pol Antras）とヘルプマンのモデルである（Antras and Helpman, 2004）。これはメリッツ・モデルを拡張したヘルプマンらのモデル（**第12講**参照）をさらに拡張したものである。アントラスとヘルプマンは，海外直接投資をして自社の海外子会社で生産を開始するための固定費用が最も大きく，次に，海外の他社にアウトソーシングするための固定費用が高いと想定する。そして，次に固定費用が大きいのは国内で自社生産する場合で，国内アウトソーシングする固定費用が最も小さいと想定する。アウトソーシングすれば，自社生産のために工場を設立し維持する費用がかからないため，自社生産の固定費用の方が大きいと想定しているのだ。また，国内で生産拠点を設立したり委託先を探索・契約する費用よりも，情報が少なく制度や慣習等も異なる海外での費用の方が高いと考えられる。こう想定すると，最も生産性が高い企業

が最も高い固定費用を支払って海外で自社生産でき，次に生産性が高い企業は海外自社生産はできないものの海外アウトソーシングする。そして，次に生産性が高い企業は国内で自社生産し，それよりも生産性が低い企業は国内アウトソーシングし，最も生産性が低い企業は退出するという関係が理論的に予測される。もちろん，現実はもっと複雑で，各産業の技術特性や各国の法制度，各国の地場企業の技術水準や規模・数，その他の要因により固定費用の大きさは異なり，生産パターンの決定は単純ではない。しかし，大まかには，生産性が高い企業ほどオフショアリングする傾向がいくつかの実証研究よって示されている（Tomiura, 2007 など）。

　このように，メリッツ・モデルを拡張して海外直接投資や生産委託の意思決定を精緻な経済理論で説明するモデルが数多く登場している。現実には，アウトソーシングと直接投資の中間的な形態，たとえば企業提携なども採用されており，さまざまな生産や取引の形態が混在している。しかし，理論モデルは，複雑な現実をなるべく簡略化し，企業行動や市場環境の変化の影響を論理的に説明するものである。さまざまな企業固有要因を企業の「生産性」という指標に集約し，さまざまな外部環境要因を輸出，アウトソーシング，FDI の「固定費用」とそれぞれのケースの「可変費用」に集約してモデルに組み入れられている。こうした理論モデルは，企業要因や外部要因が変化した場合の経済的影響の大きさを数量的に計測するための論理的根拠を提供する。

13.2　オフショアリングと生産性，雇用--------

　このように，大企業を中心に，インソーシングとアウトソーシング，国内調達（オンショアリング）と海外調達（オフショアリング）を組み合わせた最適な生産配置が追求されてきた。日本企業も，オフショアリング，つまり海外の自社や他社からの部品や中間財の輸入を増やしており，多国籍企業による海外生産比率も上昇し続けている（図13-1）。

　オフショアリングの増加は，日本企業のみならず，先進国の多くの企業に

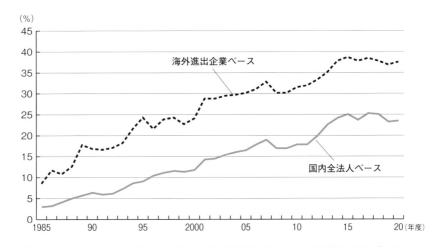

（注）　国内全法人ベースの海外生産比率＝（製造業現地法人売上高）÷（製造業現地法人売上高
　　　　＋製造業国内法人売上高）×100
　　　　海外進出企業ベースの海外生産比率＝（製造業現地法人売上高）÷（製造業現地法人売上高
　　　　＋製造業本社企業売上高）×100
（出所）　財務省「法人企業統計」と経済産業省「海外事業活動基本調査」より筆者作成

図13-1　日本の製造業企業の海外生産比率（1985-2020年度）

おいて確認されている。では，オフショアリングは国内経済にどのような影
響をもたらすだろうか。輸出入パターンの変化は，国内産業構造を変化させ
ると予想される。また，メリッツ・モデルやそれを拡張したヘルプマンらの
モデル，アントラスとヘルプマンのモデルが示すように，生産性の高い企業
が輸出や海外アウトソーシング，直接投資を行ってさらに生産や利潤を拡大
する一方，生産性の低い企業は退出を迫られ，産業内の資源配分が変化する
ことも考えられる。さらに，オフショアリングは，生産工程の一部を外国の
自社拠点や他社に移すことになり，自国の雇用や生産規模に影響を与える
ことが予想される。以下では，オフショアリングが自国の生産性や雇用に与え
る影響を中心に考えてみよう。

　まず，オフショアリングと生産性との関係を考えよう。メリッツやその拡
張モデルが示すように，輸出や海外アウトソーシング，直接投資に必要な固

定費用をまかなえる，生産性の高い企業が海外展開すると予想され，それは多くの実証研究で確認されている（自己選択効果：Self-selection）。ただし，自社の海外子会社ないし特定の海外他社に生産委託して部品等を調達するオフショアリングを厳密に捉えた統計はあまりなく，実証分析は多くない。しかし，冨浦英一は，直接投資による海外自社生産，海外他社へのアウトソーシング，輸出の3つのグローバル化モードとそれらのいくつかの組み合わせを明示的に区別して分析し，アントラスとヘルプマンのモデルが予測するような実証分析結果を得ている（Tomiura, 2007）。つまり，海外アウトソーシングを行う企業は，FDIしている企業ほど生産性は高くないものの，全く海外展開していない企業に比べれば明らかに生産性が高いというのだ。さらに冨浦（2014）は，海外アウトソーシングを行う企業は，生産性だけでなく，企業規模や資本集約度などの指標でみても海外展開していない企業よりも大きいことを示している。

　このように，FDIにしろ，輸出や海外アウトソーシングにしろ，海外展開している企業は生産性が高い傾向があるが，海外展開することによってさらに生産性が向上する，つまり学習効果（Learning）はあるのだろうか。**第7講のコラム7.1**で，輸出による学習効果について触れた。輸出ではなく，オフショアリング，具体的には海外の安い中間財を活用することによる学習効果（つまり，輸入による学習効果）は確認できるのだろうか。安い輸入中間財の利用によって生産コストを削減し，付加価値が大きくなれば生産性が向上すると期待される。また，上の**13.1節**にも述べたように一部の工程をアウトソーシングすることによって，自社の中核（コア）の工程や業務に特化することで生産性が上がるかもしれない。

　しかし，たとえばヴォーゲル（Alexander Vogel）とワグナー（Joachim Wagner）は，ドイツ企業において輸入を開始したことが生産性を向上させたという統計的に有意な結果は得られなかったという（Vogel and Wagner, 2009）。一方で，エリオット（Robert Elliot）らは，中国企業について輸入開始が生産性向上をもたらしたという結果を得ている（Elliot et al., 2016）。オフショアリングを行うことによって企業の生産性が向上していくという因果関係を厳密な統計分析で示した研究はまだ少なく，因果関係を多くの国の多く

の研究で確定するまでには至っていない[2]。

　しかし，冨浦（2014）は，輸出開始と生産性向上との関係を分析した先行研究の結果も踏まえて，日本企業がより積極的にオフショアリングを進めることは，生産性向上に結び付く可能性があることを指摘している。冨浦らの一連の研究によると，海外アウトソーシングを行っている日本企業はまだ少数にとどまっている。日本の多数の企業がオフショアリングを開始・拡大するにあたり本格的な投資や事業のリストラクチャリングを行えば，オフショアリングの開始によって生産性が向上するかもしれないという。

　一方，オフショアリングの拡大は国内の雇用にどのような影響を与えるのだろうか。図 13-2 は，日本国内の製造業雇用者数と，日系多国籍企業の海外製造拠点での雇用者数の推移を表している。フラグメンテーションの進展が加速した 1990 年代以降，国内製造業雇用者数は急速に減少し，海外拠点での雇用が増えてきた。国内製造業雇用者数の減少は，他の欧米先進国でもみられており，その要因の一つにオフショアリングの拡大が挙げられている。

　まず，**第 5 講**で学んだストルパー=サミュエルソン定理を思い出してほしい。これは「ある生産物の価格が上昇すれば，その生産において集約的に用いられている生産要素の実質報酬が高くなり，他の生産要素の実質報酬は下落する」というものであった。**第 5 講**では，資本と労働という 2 つの生産要素を想定して説明したが，労働をさらに熟練（高技能）労働と非熟練（低技能）労働の 2 つに分けて考えてみよう。そして，先進国は熟練労働が豊富に存在し，途上国では非熟練労働が豊富に存在するとする。先進国では貿易を開始すると比較優位を持つ熟練労働集約的な財の輸出が増え，その価格は上昇するので，熟練労働者の実質報酬が高くなる。一方で，比較劣位である非熟練労働集約的な財は輸入が増え，その価格は低下，非熟練労働の実質報酬は低くなる。つまり，熟練労働集約財と非熟練労働集約財との国内生産量が変化することにより，熟練・非熟練労働者の需要と供給，賃金に異なる影響を与えることが予想される。

2　Hijzen et al.（2010）は，日本企業のデータを用いてオフショアリングと生産性との関係を分析しているが，自社の海外拠点からの調達は生産性を向上させる効果があったという。しかし，海外の他社からの調達は生産性を向上させる効果を確認できなかった。

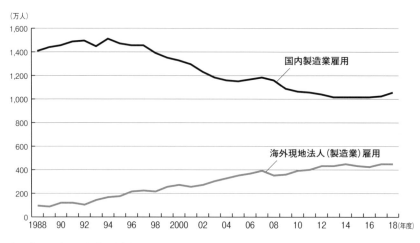

（出所）　経済産業省「海外事業活動基本調査」，JIP データベース 2015，2021 より筆者作成

図 13-2　国内と海外における製造業雇用規模（1988-2018 年度）

　ストルパー=サミュエルソン定理は，熟練・非熟練労働集約度の異なる産業に属する財どうしの産業間貿易を想定していた。では，ある財の生産工程の一部をオフショアリングした結果，垂直的産業内貿易（**第 6 講の 6.3 節や第12 講の垂直的直接投資の説明を参照**）が増えるようなケースはどう考えるのだろうか。グロスマン（Gene Grossman）とロッシ=ハンズバーグ（Esteban Rossi-Hansberg）は，各生産工程はさまざまな業務（タスク）と結び付けることができ，各業務には異なる熟練度（スキル）の労働が集約的に用いられると想定する（Grossman and Rossi-Hansberg, 2008）。いくつかの生産工程をオフショアリングするということは，各工程に紐づいた業務をオフショアリングするともいえ，海外の自社拠点や海外他社が担う工程で生産された中間財や中間サービスを輸入することは，その工程に紐づいた業務を輸入することと解釈できる。つまり，オフショアリングによって増加する，同一産業内・同一企業内での貿易の背後には，業務の国際的取引が行われており，彼らはそれを「タスクの貿易（Trade in Tasks）」と表現している。

　このように考えると，熟練労働者が豊富な先進国は熟練労働集約的な業務

に比較優位を持ち，そのような業務をより多く担って輸出することになる。一方，非熟練労働集約的な業務の輸入は増えると予想される。結果的に，ストルパー＝サミュエルソン定理が想定するような状況が，オフショアリングにともなう産業内貿易や企業内貿易の増加によっても起こることになり，同一産業内や同一企業内においても，異なる業務を担うスキルの異なる労働者間で労働需要や賃金の差が拡大する可能性がある。先進国では，比較的低技能の生産労働者が担う業務が海外へアウトソーシングされた結果，生産労働需要の低下と賃金の相対的下落が起きたとの研究結果は多い。一方で，高技能の非生産労働者が担う本社機能部門（為替リスクや世界規模の資材調達，世界各国の拠点の経営管理など）や研究開発・商品開発・マーケティングなどの業務は先進国内で相対的に拡大し，これら業務を担う高技能労働者の需要増加と賃金の相対的上昇が起きたことも確認されている。ただし，異なるスキル水準の労働者間の賃金格差の拡大には，オフショアリングなどのグローバル化の影響だけではなく，情報通信技術の変化による影響も大きいことが指摘されており（Feenstra and Hanson, 1999など），人工知能（AI）の発展も今後は大きな影響を与えそうである。

13.3 グローバル・バリューチェーンと 付加価値貿易

インソーシングとアウトソーシング，国内生産とオフショアリングのさまざまな生産パターンが選択される中で，多くの企業が国内外で取引関係を持ち，フラグメンテーションが拡大・進展してきたことは上に述べたとおりである。フラグメンテーションにおいては，製品開発から製造，販売までの一連の流れの中の各工程が，前工程から受け取ったモノやサービスに対して新しい価値を付加し，次工程に引き継がれている。つまり，フラグメンテーションは，国境を越えて配置された各工程間で産み出された価値が鎖のようにつながってモノやサービスを完成させていくプロセスであり，フラグメンテーションによって多国間のバリューチェーン（価値連鎖）が形成されているともいえる。

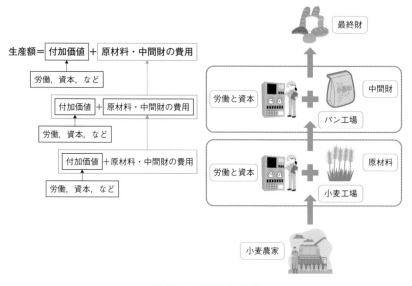

図 13-3　付加価値とは

フラグメンテーションをグローバル・バリューチェーン（GVC：Global Value Chain）と捉えて，どこの国のどの工程や企業でより大きな付加価値が産み出されているかなど，さまざまな研究がある。

　GVC を理解するために必要な知識である付加価値について以下に説明しよう。ある財を生産するには，原材料や中間財を仕入れ，労働や資本（機械設備）などの生産要素を使って製造を行う（図 13-3）。労働，資本によって原材料や中間財に新たな価値が付加されるのである。たとえば，パンの製造会社は，小麦粉を製粉会社から仕入れ，労働と機械を使ってパンを製造する。小麦粉の仕入れ額が 4 万円で，生産したものが 10 万円で売れれば，差額の 6 万円は労働や資本が産み出した価値といえる。これを付加価値と呼ぶ。パン製造会社は，この 6 万円から労働者への賃金を支払い，機械を導入する際に借り入れた借金の返済を行う。一方で，小麦粉は，製粉会社が小麦という原材料・中間財を仕入れて，労働と機械を使って小麦粉を製造する。すなわち，突きつめればすべての財は，労働や資本などの生産要素が産み出した付

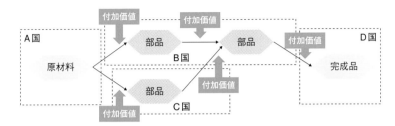

図13-4　フラグメンテーションとバリューチェーン

加価値である。

　フラグメンテーションが行われていなかった時代には，たとえば，日本からアメリカに輸出された100万円の自動車は，ほとんどが日本国内で作られた部品を使い，国内で組み立てられていたため（鉄鋼石など輸入原材料はここでは無視する），100万円はほとんど日本国内で産み出された付加価値であった。しかし，フラグメンテーションが行われている世界では，一部の原材料・中間財は外国で製造されており，それら輸入原材料・中間財の費用の中には外国の労働者や資本が産み出した付加価値が含まれている。そのため，最終財である自動車が日本からアメリカに100万円の価格で輸出されたとしても，外国から輸入した部品を多く使っているならば，100万円のうち日本で産み出された付加価値は小さくなる。貿易統計では，日本からアメリカへの自動車輸出額100万円と記録されるのだが，実はその金額は，日本国内の生産要素（労働や資本）が産み出した付加価値を表してはいないのである。

　フラグメンテーションにより，ある財の生産工程がさまざまな国に配置され，国境を越えた中間財貿易が活発に行われている状態を考えよう。図13-4で，中間財が国境を越えるたびに輸出または輸入として各国の貿易統計に記録される。図のB国からD国への輸出として統計に記録される金額の中には，A国の原材料の価値に加えてB国の部品工程で産み出された価値も含まれ，さらにA国の原材料を使ってC国の部品工程で産み出された価値も含まれる。つまり，A国からB国，C国へ輸出された原材料の価値がA国の輸出額として貿易統計に計上されるが，その価値は，C国の貿易

統計における B 国への輸出額や，B 国の貿易統計における D 国への輸出額の中にも含まれて計上されることになる。バリューチェーンがより多くの国にまたがって形成されていると，重複計上される金額も大きくなる。そこで，どの国で産み出された付加価値がどの国に輸出または輸入されたか，つまり「付加価値貿易」の概念でモノやサービスの国境を越えた取引を把握する重要性が指摘されてきた。

　では，なぜ，重複計上部分を除く，「付加価値貿易」の概念でモノやサービスの国境を越えた取引を把握することが重要なのだろうか。理由はさまざまあるが[3]，たとえば，各国間の貿易収支を粗貿易額で測るか，または付加価値貿易額で測るかによって，意味合いが違ってくる。国際収支統計（**第 1 講 1.4 節**を参照）では，粗輸出額と粗輸入額の差を貿易収支として記録することになっているが，アメリカの中国に対する貿易収支赤字は巨額であり，米中間で貿易摩擦を引き起こしている。しかし，実際は，中国からアメリカへの最終財輸出の生産に投入される中間財の中には中国以外で生産されているものも多く，アメリカの中国からの輸入には中国以外で産み出された付加価値が多く含まれている（**コラム 13.1** も参照）。たとえば，アメリカの貿易統計で計測した対中貿易赤字は，付加価値貿易で測ると 30 ～ 40％程度減少することを示す研究もある（Johnson and Noguera, 2012）。逆に，アメリカの対日貿易赤字は付加価値貿易で測ると 40％程度増加するという。実際に各国で産み出した付加価値に注目してモノやサービスの国際取引をみると，国際収支統計に計上される国際取引とはかなり異なる姿がみえてくるのだ。

13.4　サプライチェーン・マネジメントと------各国経済への影響

付加価値貿易を計測し，世界各国が付加価値をどれだけ輸出しているかを

3　自国の粗輸出額に含まれる自国源泉付加価値と外国源泉付加価値とを分解することによって，自国の輸出品の生産のために，外国から輸入した中間財がどれほどの割合で投入されているかなどを分析できる（Koopman et al., 2014）。こうして，自国の生産活動がどれほど外国の生産活動に依存し，密接に結び付いているか，そして外国の生産活動との結び付きが自国や外国の企業の生産性や雇用などにどのような影響を与えているか，多くの研究が蓄積されてきている。

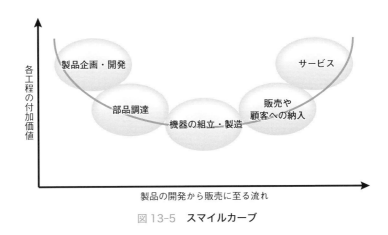

図 13-5　スマイルカーブ

捉えることは，各国の国際的な競争力を評価する上でも重要になってきている。なぜなら，GVC の中でどのような工程を担うかによって，自国源泉付加価値の割合や大きさが異なるからである。タスクの貿易（13.2 節）のところでも述べたように，工程によって投入される労働者のスキル水準や資本，技術などが異なり，より大きな付加価値を産み出す工程を担っているか，または低付加価値の工程しか担えないのかによって，各国の労働者や資本の報酬の大きさが決まってくる。つまり，付加価値の大きい工程を担うか否かは，各国の GDP や所得の大きさを決める要因になると同時に，各工程を担う企業にとって，バリューチェーン（サプライチェーン）の中で自社がどれだけの利益配分を得られるかの決め手となる。

　「サプライチェーン・マネジメント」という考え方があるが，これは，サプライチェーンを主導する企業が生産活動全体でのコスト最小化・利潤最大化を実現するよう，インソーシングとアウトソーシングを組み合わせ，各国に工程を配置することを意味する。一連の生産の流れにおける各工程の付加価値の大きさを図示すると，図 13-5 のように U 字型になっており，笑った口の形に似ているとして「スマイルカーブ」と呼ばれる。

　図 13-5 は，製品の開発から販売に至る流れの中で，最も高い付加価値を産み出す工程は，製品企画・開発と製品販売後のサービスなどの工程である

ことを示す。多くの部品を集めて単に組み立てるだけの工程は，最も付加価値が低い。スマイルカーブの両端の工程は，知識やアイディアを必要とし，スキルの高い労働者が多くの業務を担っており，先進国に配置されることが多い。一方，あまりスキルを必要としない単純労働集約的な工程（スマイルカーブの真ん中）は途上国に配置されることが多く，そのような工程を担ってもあまり大きな付加価値を産むことはできない（**コラム13.1**も参照）。

グローバルなサプライチェーンやバリューチェーンに参加する各企業や各国が，より付加価値の大きな工程を担うか否かは，各企業や国の技術水準や労働者のスキル水準などによって決まる。そして，どの工程を担うかによって利益配分の大きさが決まり，さらには，各企業や国の成長を決定する要因にもなる。より高付加価値の工程を担うための企業努力や有効な経済・産業政策が，企業や国にとって重要な課題となっている。

東アジアや東欧などの多くの途上国は，これまでGVCに参加することで工業化を加速，所得を増やし，中所得国の水準まで発展してきた。しかし，そこからさらにGVCにおける価値の階段を上がり，より高付加価値工程を担うためには，先端的な知識や技術を獲得していく必要がある。しかし，最先端の技術知識の獲得は多くの中所得国にとって容易ではなく，中所得国から高所得国へともう一段階の発展を遂げられないでいる国も多い。これは，**第12講**でも触れた「中所得国のわな」と表現される現象で，世界経済のグローバル化と経済発展との関係を考える上で，重要な問題の一つにもなっている。

13.5 まとめ--

フラグメンテーションの担い手として，企業は自社の海外拠点に一部の工程を配置するだけでなく，国内外の企業への生産委託（アウトソーシング）も活用しながら，国境を越えた生産ネットワークが形成されてきた。特に，自社の海外拠点で生産することと海外の他社に生産委託することを合わせて「オフショアリング」といい，経済のグローバル化における現象の一つとし

て拡大してきた。本講では，オフショアリングと企業の生産性との関係や，オフショアリングが労働市場に与える影響について説明した。

　一方，国境を越えて配置された各工程間で産み出された価値が鎖のようにつながってモノやサービスを完成させていくプロセス，つまりグローバル・バリューチェーン（GVC）が形成される中で，「付加価値貿易」の概念が重要になってきた。貿易統計に計上される粗貿易額と付加価値貿易との違いを理解し，どこの国のどの企業が担う，どの工程でより多くの付加価値が産み出されているかを捉える必要がある。付加価値の大きさは，各工程の技術水準や生産要素集約度の違いを反映しており，付加価値の大きな工程を担うことは，GVCにおいてより大きな利益配分を獲得することにつながる。GVCへの参加を通じて，各企業や各国がより多くの利益を得て成長するためには，どのような企業努力や経済政策が必要なのかを考えていかなければならない。

コラム 13.1　iPhone が売れたらだれが儲かる？

　付加価値貿易やサプライチェーン・マネジメントを理解するための事例の一つとして，アップル製の携帯電話 iPhone が 1 台売れた場合の利益はどの国のどの工程に配分されるかを分析した研究が紹介されることが多い。図 13-6 は，

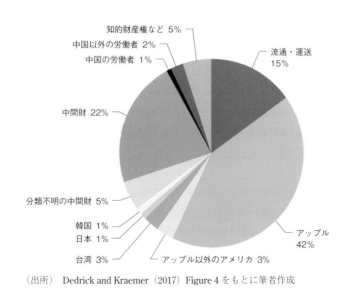

（出所）　Dedrick and Kraemer（2017）Figure 4 をもとに筆者作成

図 13-6　**iPhone 7 の 1 台の販売から得られる利益の配分**

iPhone 7が1台売れたときの収入のうち42%はアップルの利益として配分されることを示している。iPhoneは中国で最終的に組立てられ，中国から輸出されているにもかかわらず，最終組立を担う中国の労働者に配分されるのは，1台の販売価格のうちの1%にしかすぎない。なぜ収益の大部分がアップルに配分されるのか。それは，アップルが，技術知識やアイディアが重要なスマイルカーブの両端の工程を担っているからである。アップルは，付加価値の大きい商品企画・開発と，販売後のアフターサービス，つまり音楽・動画の配信や，さまざまなアプリケーションの配布・販売を通じたサービス提供などを担っている。一方で，スマイルカーブの真ん中に位置する単純労働集約的な工程を担う中国の多くの単純労働者は，iPhone 1台の販売から得られる利益配分が非常に小さいことを示している。

● コラム参考文献

・Dedrick, J., and K. L. Kraemer（2017）"Intangible Assets and Value Capture in Global Value Chains: The Smartphone Industry," *Economic Research Working Paper* No.41, November, World Intellectual Property Organization.

■ Active Learning

《練習問題》‥‥‥‥‥‥‥‥‥‥‥‥‥‥‥‥‥‥‥‥‥‥‥‥‥‥‥‥‥‥‥‥‥‥‥‥‥

1. オフショアリングとはどのようなことを指すのか説明しなさい。
2. 先進国においてオフショアリングが拡大すると，どのようなタイプの労働者の雇用や賃金にどのような影響を与えると予想されるだろうか。
3. 各国の粗輸出額と粗輸入額を記録した貿易統計ではなく，付加価値貿易の概念で各国間の取引を把握することが重要だと指摘される理由は何だろうか。

参考文献

● 冨浦英一（2014）『アウトソーシングの国際経済学：グローバル貿易の変貌と日本企業のミクロ・データ分析』日本評論社。
● Antras, P., and E. Helpman（2004）"Global Sourcing," *Journal of Political Economy* 112(3): 552-580.
● Elliot, R. J. R., L. Jabbour, and L. Zhang（2016）"Firm Productivity and Importing: Evidence from Chinese Manufacturing Firms," *Canadian Journal of Economics*

49(3): 1086–1124.

- Feenstra, R. C., and G. H. Hanson（1999）"The Impact of Outsourcing and High-Technology Capital on Wages: Estimates for the United States, 1979–1990," *Quarterly Journal of Economics* 114(3): 907–940.

- Grossman, G. M., and E. Rossi-Hansberg（2008）"Trading Tasks: A Simple Theory of Offshoring," *American Economic Review* 98(5): 1978–1997.

- Hijzen, A., T. Inui, and Y. Todo（2010）"Does Offshoring Pay? Firm-Level Evidence from Japan," *Economic Inquiry* 48(4): 880–895.

- Johnson, R. C., and G. Noguera（2012）"Accounting for Intermediates: Production Sharing and Trade in Value Added," *Journal of International Economics* 86(2): 224–236.

- Koopman, R., Z. Wang, and S. J. Wei（2014）"Tracing Value-Added and Double Counting in Gross Exports," *American Economic Review* 104(2): 459–494.

- Tomiura, E.（2007）"Foreign Outsourcing, Exporting, and FDI: A Productivity Comparison at the Firm Level," *Journal of International Economics* 72(1): 113–127.

- Vogel, A., and J. Wagner（2009）"Higher Productivity in Importing German Manufacturing Firms: Self-Selection, Learning from Importing, or Both?," *Review of World Economics* 145(4): 641–665.

第14講
自国市場効果と経済地理学

■さまざまな産業が世界各国に均等に分布しているわけではなく，どこかの地域や国に偏って立地している。たとえば，自動車産業は日本，アメリカ，フランス，ドイツに集積し，ハイテク産業がアメリカ西海岸に集積している。このように偏在する経済活動の背景にあるメカニズムについて学ぶ。

14.1　経済活動の立地と厚生水準の関係

　これまで貿易が発生する仕組みや貿易による経済厚生向上効果などについて学んできたが，一国内での経済活動の立地について詳しい議論はしなかった。一国内でも経済活動の活発な地域とそうでない地域や，特定の産業が集中している地域がある。図14-1は日本における1平方キロメートルあたりのGDP（国内総生産）を立体的に示したものである。経済活動が東京，大阪，名古屋に集中していることがわかる。同様にアメリカでも経済活動は一部都市に集中している（図14-2）。どうしてこのように一部の地域は経済活動が活発な地域となり，一部の地域は経済活動が活発でないのか。

　経済活動の地理的立地は時間の経過によっても変化する。図14-3は四国と本州を結ぶ橋の開通を示している。これらの橋の開通前後の四国と全国の人口の推移を示したのが図14-4である。1988年の児島・坂出ルート開通，1998年の神戸・鳴門ルート開通，および1999年の尾道・今治ルート開通の時期を境に四国の人口が顕著な減少傾向にあることがみて取れる。このように経済活動（人口）の立地は時間の経過と共に変化している。これら2つの図は，四国と本州を結ぶ橋の開通が人口の変化を促した可能性を示唆している。

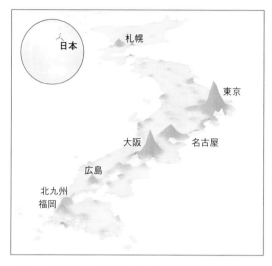

（出所）　世界銀行「世界開発報告 2009」

図 14-1　**日本における 1 平方キロメートルあたりの GDP**

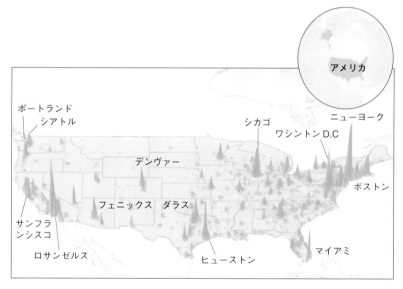

（出所）　世界銀行「世界開発報告 2009」

図 14-2　**アメリカにおける 1 平方キロメートルあたりの GDP**

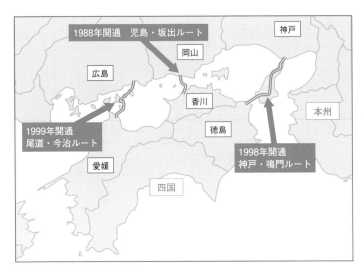

図14-3 本州四国連絡橋の開通

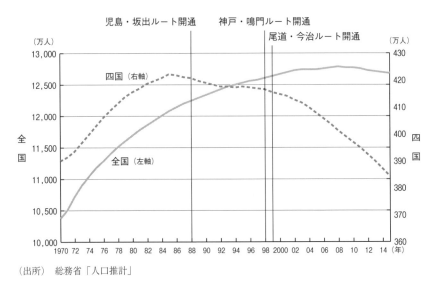

（出所） 総務省「人口推計」

図14-4 四国と全国の人口の推移

本講では，こうした経済活動の偏在と変化を説明する理論を学習する。具体的には自国市場効果および経済地理学について議論する。経済地理学は空間経済学とも呼ばれており，立地の変化が国際貿易に影響を与えることから，国際経済学における重要なテーマの一つに位置づけられる。また，上の橋の開通のような異なる地域間の移動費用が低下することによる影響の分析は，異なる国の間での貿易費用の低下のケースに応用できる。経済地理学または空間経済学の考え方は国際経済学の分析にも用いられるのだ。

14.2　自国市場効果

　まず，工業部門生産が市場の大きな国に立地している現象について考えよう。**第6講**で説明したクルーグマンの新貿易理論モデルは，企業が二国間のどちらに立地するかは，明らかにしなかった。そこで，ヘルプマンとクルーグマン（Helpman and Krugman, 1985）は，自国市場が大きい国の方が，工業品やサービス品など収穫逓増産業の企業数が多いという現象を理論的に説明した。この現象を自国市場効果（HME：Home Market Effect）と呼んでいる。たしかに，自動車産業など多くの産業が，アメリカや日本，ドイツ，フランスなど自国需要が大きい国に集中している。

　クルーグマンの新貿易理論（**第6講**）では貿易費用はゼロであったが，ヘルプマンとクルーグマンのモデルでは貿易費用を加える。貿易費用がある場合，企業は貿易費用をなるべく縮小したいので，需要の大きい方の国に立地する。

　たとえば，ポルトガルとスペインの2国を想定しよう。スペインの需要が10,000個でポルトガルの需要が2,000個であるとき，スペインに立地すれば，輸送費などの貿易費用は2,000個分にしかかからないが，もしポルトガルに立地したら，スペインに運ぶ分10,000個に対して貿易費用がかかる。

　次に，図を使って分析してみよう。ヘルプマンとクルーグマン（Helpman and Krugman, 1985）は我々がすでに学んだクルーグマンの新貿易理論（Krugman, 1979, 1980）に基づいているので，鍵となる変数は，企業数（n）

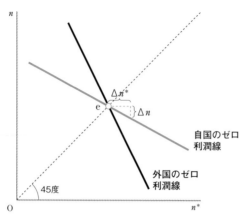

図14-5　自国と外国のゼロ利潤による市場均衡

と価格（p），平均費用（AC）である。2つの国を合わせた市場の規模は一定とし，この市場をn（自国の企業数）とn^*（外国の企業数）でどう分けるのか，という点に議論が集約される。**第6講**で，独占的競争市場では，価格と平均費用が等しくなったところで新規参入や退出が止まり均衡すると述べた。価格と平均費用が等しい，つまり企業にとっては利潤ゼロになったところで市場が均衡する。

　均衡における（＝利潤ゼロを満たす）nとn^*の関係を考えよう。図14-5は，外国の企業数n^*を横軸に，自国の企業数nを縦軸にとり，両者の関係を自国と外国の双方について表したものである。

　図14-5において，市場の規模は一定であるため，nが大きければ，n^*は小さいという関係になり，両国のゼロ利潤線は右下がりとなる。次に，ゼロ利潤線の傾きに注目すると，自国のゼロ利潤線の傾きは－45度よりも緩やかになっている。どうしてだろうか。自国のゼロ利潤線を診よう。たとえば，eの点（自国と外国のゼロ利潤線の交点）から2社外国企業が増えた（つまりΔn^*が2）としよう。外国企業が2社増えたので，自国企業数が変わらなければ企業数が増えてしまい，1社あたりの生産量，販売量が減る。収穫逓増（＝規模の経済性がある）のもとでは，生産1個あたりの平均費用が上がってし

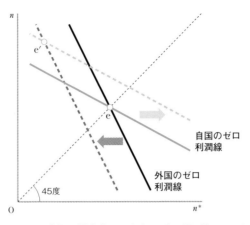

図14-6　市場規模変化にともなうゼロ利潤線のシフト

まう。つまり，平均費用が価格を上回って，企業は損失を被る。損失を出さ
ない（＝ゼロ利潤を確保する）ためには，いくつかの自国企業が退出し，n が
減らなければならない。

　では，n はどれだけ減る必要があるのだろうか。2社であろうか，2社超，
それとも2社未満であろうか。答えは，2社未満である。水色の点線のとお
り，外国企業の数が右に2社分増えたら自国企業は減少することになるが，
減少数（Δn）は2社未満である。これは，自国企業は自国市場において外
国企業からの競争（比喩的にいえば「攻撃」）から貿易費用（輸送費や関税）に
よって，いわば「守られて」いるからだ。外国のゼロ利潤線についても同様
に，自国企業数 n がたとえば2社増えたとき，自国企業との競争から貿易
費用で「守られている」ため外国企業数 n^* の減少は2社未満である。その
ため，図14-5では外国のゼロ利益線は -45 度よりも急な傾きになっている。

　次に，同一の市場規模の2国における企業の立地を基準にして，市場規模
が変わることによって企業の立地がどのように変化するかをみてみよう。図
14-6において，現在（2国の間で全く違いが存在しない）の均衡は，e の点
（実線で描かれた自国と外国のゼロ利潤線の交点）で，ここでは $n = n^*$ である。
市場の規模が変化したらどうなるであろうか。たとえば，自国と外国を合わ

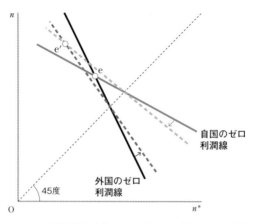

図14-7　貿易費用変化によるゼロ利潤線の傾きの変化

せた市場規模は変わらず，自国でΔLだけ市場が拡大し，外国でΔLだけ市場が縮小した場合を考えよう。図14-6が示すように，自国のゼロ利潤線は外側にシフトし（同じ，n^*に対してより多くのnが存在できるから），外国のゼロ利潤線は内側にシフトする（同じ，nに対してより少ないn^*しか存在できないから）。新しい均衡点（e'）では，$n>n^*$である。これが，自国市場効果である。つまり，大きい市場の方に企業が集中することになるが，それは上に説明したとおり，自国のゼロ利潤線の傾きは－45度より緩やかで，外国のゼロ利潤線の傾きは－45度より急であることに起因している。

　今度は，図14-7のように，初期時点で市場規模が自国の方が大きく，よって自国の方が企業数が多い状態を考えよう。初期時点の均衡点はe（実線で描かれた自国と外国のゼロ利潤線の交点）である。この状態から貿易自由化が進んで関税が低下し貿易費用が小さくなったらどうなるだろうか。どちらのゼロ利潤線の傾きも－45度により近くなる（図14-7において，自国と外国のゼロ利潤線がそれぞれ実線から点線になる）。これは，自国企業が貿易費用によって「守られる」度合いが弱くなったからである。それにより，新しい均衡点は図14-7の点e'となり，初期時点の均衡点eよりも自国の企業数は増え，外国の企業数は減っている。つまり，初期時点ですでに企業数が多

かった自国が，さらに多くの企業を抱えることになる。この現象を自国市場増幅効果（HMME：Home Market Magnification Effect）と呼んでいる。

　このように，輸送費用が存在するため，大きな市場には収穫逓増により多くの企業が集まることを示す自国市場効果（HME）がある。その上，収穫逓増産業が多く立地していて規模の大きい市場は，貿易自由化によって輸送費用が下がると外国への販売が容易になるため，さらに多くの企業が存続でき，これを自国市場増幅効果（HMME）という。

14.3　経済地理学

　前節で，規模が大きな市場には多くの企業が集まっているが，貿易自由化によってさらに多くの企業が集積することを示した。次に，集積が集積を呼ぶ現象を理論的に明らかにする経済地理学について詳しく説明しよう。

　第6講で学んだクルーグマンの新貿易理論では貿易費用がゼロだったので，企業はどこに立地しても生産費用に変化がなかった。つまり，新貿易理論は企業の立地については明らかにしなかった。そこで，ヘルプマンとクルーグマンは貿易費用を理論モデルに導入することよって，収穫逓増産業の企業がより市場規模の大きい国に立地する傾向があること（自国市場効果）を説明した。しかし，これは1回限りの現象（静学）である。

　また，クルーグマンの新貿易理論およびそれに続くヘルプマンとクルーグマンによる自国市場効果分析では，モデルの単純化のために生産要素（労働者や資本）は国際間で移動できないと仮定していた。そこで，クルーグマンは1990年代に入り，新貿易理論の枠組みに生産要素の国際間移動を加えることによって，集積が集積を呼び，産業活動や企業がある特定の地域に雪だるま式に集積していくことを説明した（動学）。たとえば，カリフォルニアのシリコンバレー，ニューヨークの金融街，ジュネーブの高級時計，インドのバンガロールのIT企業などは，時間の経過とともに同業者が集中して特定産業の一大集積地になった。

　集積が発生するメカニズムの概要は以下のとおりである。フランスとアル

図14-8　フランスとアルジェリアの位置関係

ジェリアの2国を想定しよう（両国の位置関係は図14-8を参照）。内戦など何らかの理由で，アルジェリアからフランスに工業労働者が集団移民したとしよう。経済学では，このような外部的な変化が生じることを**外部的ショック**と呼ぶ。これら移民はフランスで暮らすことになるため，フランスにおける商品の需要が増大する。工業生産には収穫逓増の原理が働くと仮定すると，需要が増えて市場が拡大したことで1単位あたりの生産費用が下がるので，企業がアルジェリアからフランスに移動する。すると，フランスの方が，労働需要が増える（仕事がある）ので，さらにアルジェリアからフランスに移民が流入する。これにより，工業製品の需要がさらに増えて，より多くの企業がアルジェリアからフランスに移動することになる。この連鎖を「需要連鎖」と呼んでいる。

　また，次のような連鎖も発生する。工業労働者の移動により，工業生産がフランスに移動すると，今までアルジェリアから輸入していた工業品がフランス国内で生産されるので，その分についての輸送費用がかからなくなり，

フランスでの物価が下がるため，生活費用が下がる。すると，アルジェリアからフランスにさらに工業労働者が移民する。この連鎖を「生活費用連鎖」と呼んでいる。「需要連鎖」と「生活費用連鎖」はともに生産活動の集積を促す。

一方で，集積の動きとは反対に，分散に働く力も同時進行している。企業は，製品販売市場における競争を避けるために，競争相手が多すぎないところに立地したいと考える。また，一地点に集中すると地価が上がり，工場やオフィスを取得維持する費用が上昇するため，あまり集中しすぎないところに立地しようとするわけである。集積と分散の力関係で，生産活動の立地が決定されるのだ。

では，集積に働く力と分散に働く力，どちらが強く，その結果，どのような均衡に至るのだろうか。その解を厳密に得るには数学が必要となるため，ここでは詳細に立ち入らずに，結果のみ図で示す[1]。数学的な説明は省略するので，理解して納得するのは難しいだろうが，経済地理学と国際経済学の関連について少しイメージを捉えてほしい。

図 14-9 では，横軸が貿易自由度（貿易費用が小さいほど貿易自由度が高いと考える）を示し，縦軸は集積力または分散力の強さを示している。ここでいう貿易費用とは，運送費や輸入関税，その他の貿易に関連する費用の総額である。まず，ϕ（貿易自由度）が高くなるにつれて，集積力も分散力も弱くなっていく。国際間で貿易費用がないならば，企業はどこで生産しても貿易費用をかけずにどこにでも輸送して販売できるため，わざわざ需要の大きい国に集積する必要もなく，集積しなければ混雑もないので分散の力も働かないからだ。一方，ϕ（貿易自由度）が低いときには，貿易費用がかかるため，需要の大きいところで生産するメリットが大きく，集積力が強くなり，かつ集積すれば混雑して分散の力も強くなる。しかし，貿易自由度が低いときは，分散の方が集積の力よりも強い。直観的にいうと，貿易費用が高いがゆえに，集積による生産費用削減効果よりも，生産物を移動せずそれぞれの市場に立地しようとする分散の力の方が強いわけである。貿易費用が小さく

1　経済地理学の理論の理解は，経済学修士課程レベルであるため，本書では立ち入らない。興味のある読者は，大学院レベルの教科書を参照のこと。

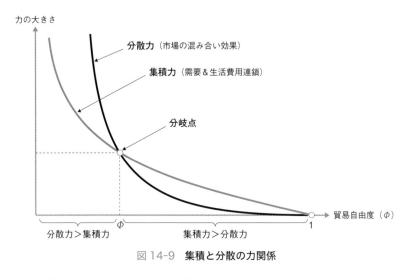

図14-9　集積と分散の力関係

なる（貿易自由度が上がる）と，ある時点でこの関係が逆転し，集積の力が
分散の力より強くなる。

　集積と分散の力関係から2つの地域それぞれの名目賃金と物価水準が決
まってくる。企業および労働者がより多く立地している地域の実質賃金（＝
名目賃金／物価指数）は高くなる。なぜなら，労働者＝消費者が多く集まる
地域の需要は多いため名目賃金は高い。かつ，企業も多く立地していると他
地域から輸入しなければならない財の数が少ないため，貿易費用があまりか
からず物価水準が低くなるからである。また，ここでは製造業部門の労働者
は2地域間を自由に移動できると想定するため，より高い実質賃金の地域へ
と移動する。厳密には，2つの地域間の製造業企業の分布と両地域の実質賃
金の違いとの関係は，両地域における生産や需要の規模（企業や労働者の分
布と関係する），物価，名目賃金などさまざまな経済変数の関係を表す連立方
程式を解くことによって決まる。

　この連立方程式モデルの詳細は省略するが，直感的にいうと，まずそれぞ
れの地域に何らかの割合で製造業企業と労働者が分布しているとしよう（た
とえば，全製造業企業数，全製造業労働者数の20％が地域1に，80％が地域2に

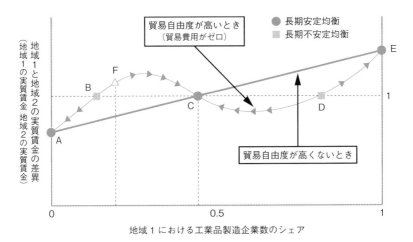

図14-10　実質賃金の差異と製造業のシェア

立地している，など）。各地域では，立地している企業数や労働者数に応じて，製造業品が生産され，生産活動の対価として労働者は賃金をもらい，所得を得た労働者は消費者として財を需要する。需要が多ければ，企業は需要を満たすために生産を増やそうとして，名目賃金を上げてより多くの労働者を雇用しようとする。また，各地域の市場で供給される財は，自地域で生産された貿易費用のかからない財と，他地域から貿易費用をかけて輸入してきた財と両方だが，自地域で生産された財がどれだけかによって，各地域の物価水準も決まってくる。さらに製造業は収穫逓増（＝規模の経済性がある）産業と想定しているので，地域内での生産が増えると1単位あたりの生産費用が下がり，価格も下がる。逆に，地域内の企業が減り生産が減ると，1単位あたりの生産費用が上がって価格が上がる。つまり生産規模も物価水準に影響を与える。こうした複雑な経済メカニズムによって，両地域の企業数や労働者の分布と実質賃金との関係が決まる。

　この関係を図示したものが，図14-10である。ここでは，2つの地域を想定し，横軸が地域1における工業品製造企業数のシェア，縦軸は地域1と地域2の実質賃金の差異（地域1の実質賃金 / 地域2の実質賃金，つまり，地域

2の実質賃金に対する地域1の実質賃金の比率）を示している。両地域の実質賃金に差がないとき、縦軸の値が1となり、そこに水平の点線が引かれている。

まず、貿易自由度が高くないときの曲線に注目しよう。点Aは、実質賃金格差がない状態（水平の点線）よりも下に位置しているため、地域1における実質賃金は地域2よりも低い。よって、労働者が地域2から地域1に移動するインセンティブはない。結果として、すべての製造企業が地域2に集積することとなり、地域1の製造企業数シェアは0である。この状況に変化がなければ、企業や労働者はわざわざ地域1に移動する理由もないため、点Aは均衡点である。しかし、何らかのショックで、いくつかの製造業企業が地域1へ移動し、点Aから曲線状を右に少しだけ移動した場合を考えてみよう。点Aから少しだけ移動しても、まだ地域2の方が地域1よりも実質賃金が高いため、製造業労働者は地域2に戻ってくることになり、点Aに戻る。このように、多少のショックが生じても元に戻ってくる均衡を安定均衡と呼ぶ。点Eも同様に安定均衡であるが、地域1にすべての製造業が集積している。

点Cの場合を考えてみよう。点Cにおいては、実質賃金に差異がないため、ここでも製造業企業や労働者が他地域へ移動するインセンティブはない。点Cの状況では、地域1と地域2それぞれに半数ずつの製造企業が立地している。ここで何かのショックが発生し、製造業企業が少し地域1（曲線上を少し右に移動）もしくは地域2に移動したとしても（曲線上を少し左に移動）、移動した先の地域よりも元いた地域の方が実質賃金は高くなっているので、元の点Cの位置に戻ってくる。よって、点Cも安定均衡である。

次に点Bを考えてみよう。点Bでも実質賃金に差異がないため均衡状態であるが、何らかの理由で製造企業の一部が地域1に移動すると（曲線上を少し右に移動）、実質賃金が地域1の方が高いため、さらに地域1に製造業が移動する。その移動は、点Cに至るまで続く。すなわち、少しのショックによって点Bの均衡は崩れるわけで、このような均衡を不安定均衡と呼ぶ。点Dも同様に不安定均衡である。直観的にいうと、安定均衡というのはいわゆる「やじろべえ」のようなもので、横に少し揺さぶっても元の位置に

戻ってくる。一方で，不安定均衡というのは，例えば卵を縦に立てることは可能であるが，少しでも触れれば倒れてしまうような均衡のことである。

　では，図14-10で，工業品製造企業のシェアと実質賃金の差との関係が貿易自由度の高くないケースにおいては直線ではなく曲線になっているのはなぜだろうか。できるだけ直感的に説明すると以下のとおりである。両地域の実質賃金の差異（図14-10の縦軸の値）の式をよくみてみよう。

$$地域1と地域2の実質賃金の差異 = \frac{\dfrac{地域1の名目賃金}{地域1の物価水準}}{\dfrac{地域2の名目賃金}{地域2の物価水準}}$$

　両地域間で貿易費用がゼロであれば，どちらの地域で販売される財も価格は同じである。つまり上の式で両地域の物価水準は同じように動く。しかし，企業数の増加（減少）に応じて労働需要が増え（減り），名目賃金が上がる（下がる）。つまり，貿易費用がなければ，両地域の実質賃金の差異は名目賃金の差異の変化によって決まり，点Aから点C，点Eへ向かって，製造企業数シェアと実質賃金の差とが直線的な関係になる（図14-10の貿易自由度が高いときの直線を参照）。しかし，貿易費用が存在する場合（図14-10の貿易自由度が高くないとき），地域1にとってはこれまで地域2からの輸入に頼っていたものの一部でも自地域で生産することによって，貿易費用を節約でき，物価水準が下がることになる（図14-10の点Aから曲線上を少し右へ移動した場合）。そのとき，地域2にとっては，これまで貿易費用をかけずにすべて自地域で生産・消費していたものの一部でも地域1から輸入することになって貿易費用がかかるし，さらに自地域の生産が減るので1単位あたりの生産費用も上昇する。地域2では物価水準が上がることになる。つまり，地域1の実質賃金（＝名目賃金/物価指数）は，物価低下によって名目賃金以上に増えるが，地域2では企業数の減少によって名目賃金が低下した上に，物価上昇によって実質賃金はさらに低下する。したがって，上の分数の式をよくみるとわかるように，地域1の実質賃金と地域2の実質賃金の比率は，貿易費用がないときよりも大きく上昇する。

　しかし，図14-10の点Fをすぎたあたりから曲線の傾きが右下がりに

なっている。これは，一定数の企業や労働者が地域2から地域1へ移動した結果，地域1の需要が拡大し，地域1内での生産だけでは賄えず，地域2からの輸入を減らせない，または増やさざるを得ない状況になるからだ。貿易費用がかかるため価格の高い地域2からの輸入品が増えれば地域1の物価に対して上昇圧力となり地域1の実質賃金が増えない。一方，地域2では労働者の転出にともなって需要が減少すれば地域1からの輸入を増やさなくてもよい，または減らせるため，地域2の物価は下落傾向となり，実質賃金は下がらないかまたは上昇していく。したがって，上の分数の式からわかるように，地域1の実質賃金と地域2の実質賃金の比率は小さくなっていくため，図14-10の曲線は右下がりになっている。

　さらに地域1へと労働移動が進むと，曲線の傾きはまた右上がりになる（図14-10の点Dより少し左のあたり）。地域1の企業数や労働者数が大きく増えて，地域1内で生産できる財が十分多くなると，地域2からの輸入にあまり頼らずに，地域1内の需要を満たせるようになる。それに，地域1内で規模の経済が強く働き1単位あたりの生産費用も低下する。つまり，貿易費用のかかる地域2からの輸入が少なくなることと，自地域内での生産費用低下の効果によって物価水準が低下，実質賃金の上昇が大きくなってくる。逆に地域2では，多くの企業や労働者が転出してしまった結果，地域2で生産できる財が非常に少なくなってしまい，地域1からの輸入への依存度が上がってくるし，規模の経済も働かなくなって生産費用もさらに上昇していく。すると，地域2の物価水準が上がり，地域2の実質賃金が低下する。こうして，地域1の実質賃金が地域2よりも相対的に上がってくるのだ。

　このようなメカニズムにより，貿易費用が存在すると，工業品製造企業のシェアと実質賃金の差との関係が曲線になるのだ。しかし，上で述べたように，貿易自由度が高い場合は，曲線ではなく，より直線に近くなる。このとき，貿易費用がかからず，一方で規模の経済が働くため，地域1もしくは地域2に製造業が集中しどちらかの地域で大規模に生産活動を行う（図14-9で，貿易自由度が高いとき，分散力よりも集積力の方が大きいことを思い出そう）。図14-10の直線上で，地域1における工業品製造企業数のシェアが0.5より小さいときは，地域2の方が実質賃金が高いため，地域1におけるシェア

がどんどん低くなっていき，最後は 0 になってしまう。また地域 1 のシェアが 0.5 より大きい場合は，逆に地域 1 のシェアがどんどん高くなっていき，最後は 1 になる。つまり，貿易費用がゼロの場合，直線の両端の点（点 A，点 E）が安定均衡になる。

　しかし，貿易自由度が低い場合は，両地域間で財を移動させるには貿易費用がかかる。規模の経済の利益が財を移動させる貿易費用を賄うに十分ではないため（図 14-9 で，集積力よりも分散力の方が大きい），消費者のいる地域に企業は立地した方がよく，それぞれの地域に半数ずつ製造業が立地することになる（点 C が安定均衡になる）。

　貿易自由度が低いほど，図 14-10 の点 B，点 D のような不安定均衡がより両端に近くなり，貿易自由度が大きいほど点 B，点 D が点 C に近くなることが数値計算によって示される。つまり，貿易自由度が大きいほど，点 C の均衡へ向かう範囲が狭まり，両端の点 A，点 E の均衡へ向かう範囲が広がる。

　この分析から，国際貿易が産業集積の形成に重要な影響を与える可能性があることが示唆される。図 14-10 の点 D の状態であったとき，地域 1 の政府が企業をすべて自分の地域に引き込みたいと考え，補助金などを与えて少し企業を誘致すれば，それ以降は雪だるま式に企業がさらに集まって点 E の均衡に持ち込むことができるわけである。しかし，点 D より点 C に近いところが現状であれば，そこから少し企業を誘致したとしても，点 E の均衡には持ち込めず，分散力の方が強く働いて点 C の均衡の方へ向かってしまう。貿易自由度が大きい方が，両端の点 A や点 E に向かう範囲が広がるわけであるから，貿易自由化が進んでいると各地域の政策によって産業集積を起こせる可能性が高まる。

　本講のはじめに，四国と本州を結ぶ橋の開通が四国からの人口流出を促した可能性について述べた。経済地理学の考え方を用いると，橋の開通で四国と本州との間の輸送費用が低下した（貿易自由度が高まった）ため，本州側でのちょっとした企業数や労働者数の増加が，みるみるうちに四国側から本州側への企業や労働者の移転を引き起こした（企業が本州側に集積した）のではないかと説明できる。

一方で，貿易自由度が低いと，点Cの均衡へ向かう範囲が広いわけであるから，少しのショックによって企業数が減少（たとえば点Dから少し企業数が減少）すると，そこから一気に企業が他地域に移転して，産業集積が崩れてしまうことになる。

　このように，貿易自由化は，政策的介入による産業集積の形成を容易にする可能性があるが，現時点でどの均衡状態にいるのか（例えば点Dに近いのか，点Dの右側なのか左側なのか，など）を正確に特定するのは極めて困難である。したがって，経済地理学は，理論的には政策的な産業集積形成の可能性を示唆しているものの，実際に正確に政策に応用するのは難しいという問題もある。

14.4　ま と め

　本講では経済地理学（空間経済学）を紹介し，これまで学んだ貿易理論では説明できなかった，経済活動の集中現象を理論的に考察した。収穫逓増のもとでは（＝規模の経済がある場合），貿易自由化が収穫逓増産業や人口の集中現象を引き起こすメカニズムを学んだ。本講の冒頭で触れた本州四国連絡橋の開通は，四国と本州間の貿易費用を引き下げたため，企業は生産を本州に集中させることによって収穫逓増による生産費用削減を実現し，より安くなった運送費を利用して四国に生産品を運搬するようになったのであろう。企業が本州に集まってしまったので，労働者も仕事のある本州に移動することになるため，集積が集積を生んだと考えられる。

　貿易費用の低下によって，ある地域は経済活動の核になり，他の地域は経済活動が活発でない周辺地域に甘んずる結果となってしまうことがある。しかし，言い換えると，経済活動の核になることを政策によって促せる可能性を示唆している。たとえば，東南アジア諸国の中で，タイには自動車産業が集積しているが，マレーシアやインドネシアと比較してタイは貿易自由化を進め輸出を促進する政策をとった結果，集積に成功したといえるかもしれない。

ただし，注意が必要なのは，本講で学んだのは理論的な結論にすぎないという点である。図14-10において，政策の対象となる経済の製造業企業数シェアを解明するのは容易ではないこと，またどの程度の政策誘導（たとえば補助金による企業誘致）が均衡を移動させるに十分なのかを正確に知ることは極めて困難である。それらをできるだけ正確に知らなければ，政策誘導のための財政支出が無駄になってしまう。

■ Active Learning

《練習問題》‥‥‥‥‥‥‥‥‥‥‥‥‥‥‥‥‥‥‥‥‥‥‥‥‥‥‥‥‥‥‥‥‥‥‥

1. 日本および世界における産業集積の例をいくつか挙げなさい。

2. 中国が飛躍的な経済成長を続ける一方，日本経済は30年以上にわたり停滞が続いている。これまでの中国の経済成長において「自国市場効果」が関係するどうか，考察してみなさい。また，自国市場効果は，今後の日本の経済規模・生産規模，特に日本の重要な産業である自動車産業（規模の経済が重要な産業と考えられる）などにどのような影響をもたらすと考えられるか。日本経済の相対的縮小を食い止めるために，政府は何ができるだろうか。

3. 1995年の阪神淡路大震災により神戸港は壊滅的な損害を受けた。当時神戸港は東アジアで最も貨物取扱量の多い港だったが，現在も当時の取扱量には遠く及ばない。この現象を経済地理学の観点から説明しなさい。

参 考 文 献

- Helpman, E., and P. R. Krugman（1985）*Market Structure and Foreign Trade: Increasing Returns, Imperfect Competition, and the International Economy.* Cambridge: MIT Press.
- Krugman, P. R.（1979）"Increasing Returns, Monopolistic Competition, and International Trade," *Journal of International Economics* 9(4): 469-489. Reprinted in E. E. Leamer, ed., *International Economics*（New York: Worth, 2001）.
- Krugman, P. R.（1980）"Scale Economics, Product Differentiation, and the Pattern of Trade," *American Economic Review* 70(5): 950-959. Reprinted as in G. M. Grossman, ed., *Imperfect Competition and International Trade*（Cambridge: MIT Press, 1992）.

第15講
第四次産業革命と
サービス貿易

■情報通信・デジタル技術の加速度的進歩によって，国際貿易のパターンは劇的に変化していき，各国の産業立地や労働者への影響が予想される。

15.1　2つのグローバル化の波------------------

　1990年代以降のグローバリゼーションは，それ以前までのグローバリゼーションとは明らかに異なる形で変化を遂げてきた。図15-1のように，産業革命以前の世界においては，モノを輸送する費用である貿易コスト，売買の約束をしたり支払いをするための通信・連絡コスト，さらには取引相手のところへ行って交渉をしたり相談をするための面会コスト，すべてが非常に高かったため，生産と消費は同一の村や町の中で完結していた。19世紀終わりに産業革命によって蒸気機関車や蒸気船が発明されると輸送費が格段に下がり，自動織機など産業機械の発明によって生産効率が向上した。そこで，ある地域で大量に安く生産したモノを，他の離れた地域の消費者に届けることが効率的にできるようになった。つまり，この技術進歩は生産地と消費地の分離を可能にし，「第一の分離（First Unbundling）」とも呼ばれる，グローバル化の第一波をもたらした。その後，国際貿易は，二度の世界大戦によって減少するが，長期的には拡大傾向をたどり，第二次世界大戦後には急速に拡大する。**第13講**で学んだとおり，1980年代ごろまでは，部品生産から完成品までの工程の多くは一国内において完結していた。日本が輸出する自動車は，エンジンから車体などすべての工程が日本国内で行われていたわけである。これが，1990年代になると新たなグローバル化が始まる。情報

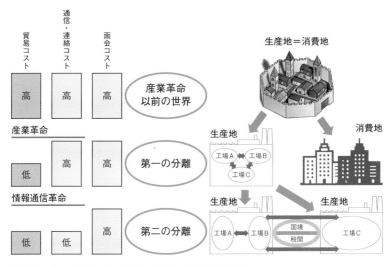

（出所）　ボールドウィン（2018）の図3をもとに筆者作成

図15-1　3つの費用の制約とグローバル化の波

通信技術（ICT：Information and Communication Technology）の進歩により図15-1の通信・連絡コストが大幅に減少し情報の正確かつ迅速な伝達が可能になった。生産工程間を連結する費用（サービス・リンク・コスト，**第12講12.4節**を参照）が低下した結果，生産自体を一国内で完結させる必要はなくなった。比較優位の原理に従って，各工程をそれぞれ最適な国に配置することによって，さらに効率的な生産が可能となったのである。こうした生産工程の分離（フラグメンテーション）は，「第二の分離（Second Unbundling）」とも呼ばれ，グローバル化の第二の波となって世界経済のグローバル化を一気に推し進めた。

　第一の分離においては，原油や木材，食肉などの天然資源や原材料，または自動車，衣服などの最終製品が主要な貿易財であった。第二の分離においては，各工程で生産される部品や加工品などの中間財の貿易が急増した。たとえば，日本の自動車会社が，日本の工場で製造したエンジンと，中国の工場で製造した座席シートをタイに輸出し，タイの工場でそれらの部品を組み

立てて完成車を生産するようなケースだ。このように，部品貿易の拡大によって，国際貿易は飛躍的に拡大した。こうしてサプライチェーンが国境を越えて拡大するとともに国際貿易論に新たな視点が必要になり，**第13講**で学んだ付加価値貿易の概念が注目されてきた。

15.2　第四次産業革命と第三の分離-------------

　2000年代に入ると，中国が世界貿易機関（WTO）に加盟し，さらに二国間の自由貿易協定や地域貿易協定（RTA）締結が増加するなどして，国際貿易はさらに拡大した。しかし，2010年代以降，WTOの機能不全や保護主義の台頭など国際貿易の拡大に逆行する動きも出てきた。一方，情報通信技術やデジタル技術の進歩は加速度を増し，第四次産業革命とも呼ばれる大きな技術革新が起きてきており，それが国際貿易のパターンにも大きな変革をもたらす可能性が指摘されている。

　現在進行中の技術革新によって，すべてのモノがインターネット上でつながり（モノのインターネット，またはIoTと呼ばれる），あらゆるデータが常に交換・蓄積され（ビッグデータ），膨大なデータを人工知能（AI）が解析することによって，さまざまな新しいサービスや価値が生まれてくることが期待されている。情報通信容量や速度の飛躍的拡大がこのような技術革新を可能とし，図15-1の面会コストを大きく低下させることになる。取引相手のところへ行って対面で交渉せずとも，オンライン上で今よりもスムーズに話し合いができるようになり，AIによる自動翻訳技術を利用すれば互いに異なる言語を話す相手ともスムーズな会話が可能になる。

　近い将来，面会コストが大幅に低下すれば，ある工程の中のさまざまな業務（タスク）を担う労働者が地理的に離れた場所に分散していても，その工程の仕事を遂行できるようになる。第二の分離は，生産工程が国境を越えて立地することであったが，今後，ある工程内におけるさまざまなタスクが国境を越えて立地することが可能になると予想される（第三の分離，Third Unbundling）。つまり，各タスクを担う労働者が必ずしも一国ないし近隣に

居住して同じ場所で働く必要がなくなり，さまざまな国に住むさまざまなスキルを持つ労働者がサプライチェーンに参加してモノやサービスの企画・開発から生産，供給までを担うことになるという。生産工程のみならず，研究開発や販売・アフターサービスなど，スマイル・カーブ（**第13講**）の両端に位置するような工程についても，各工程に必要なさまざまなタスクが国境を隔てて立地することが可能になるかもしれない。

　第二の分離の状態にある現在は，研究開発や商品企画などは，主に先進国に立地する本社内または近隣で行われており，生産工程のみが国境を越えてさまざまな国に配置されるケースが多い。そして，販売やアフターサービスなどの活動も消費者に近接した場所で行われている。開発や企画が先進国に集積する傾向にあるのは，技術知識やアイディアを持つ人材が先進国に豊富に存在しており，かつ技術者同士の緊密なコミュニケーションが新しい製品の企画・開発に重要だからである。また，次節でも述べるように，生産と消費が同時に行われるという性格を持つサービスが多く，サービスの提供者と消費者が同時に同じ場所にいる必要があった。

　しかし，技術者らが地理的に分散していても，あたかも対面のようにスムーズにコミュニケーションできるようになれば，これらの工程が必ずしも先進国に集積する必要がなくなるかもしれない。**第14講**で，国際貿易は産業集積を加速させる働きがあることを述べたが，コミュニケーション技術の革新は，産業集積の強みを失わせ，国際貿易のパターンすら変えてしまう可能性もある。ただし，現状において先進国と多くの途上国との間の技術格差は大きく，先端的技術分野における人的資本の蓄積には大きな隔たりがある。現在の技術格差を考慮すれば，いくらコミュニケーションの費用が劇的に低下したとしても，多くの途上国にとって知識集約的な工程やその一部を担うことは簡単ではないとも考えられる。一方，消費者に近接していない場所からも流通・販売やアフターサービスなどを提供することは容易になっていくかもしれない。

　国際貿易を学ぶ上で，「比較優位の原理」が最も重要かつ基本的な概念であり，各国の比較優位は各国の技術水準のみならず，各国にどのような生産要素が豊富に存在するか（より安価に利用できるか）によって決定されると説

明してきた。今後もこの原理はくつがえらないかもしれないが，伝統的な貿易理論で想定されてきた生産要素とは異なる性格を持つ生産要素がこれからの生産活動ではより重要性を増してくるだろう。たとえば，知識労働者や熟練労働者は生産要素の一つと考えられてきたが，AIの発達により知識やスキルは労働という生産要素から分離され，自由に国境を越えて移動できることになる。さらに，知識やスキルの習得のための時間や費用はAIの利用によって格段に圧縮される。

このように，情報通信技術（ICT）のうち通信技術（CT）の進歩は，工程よりさらに細かいタスクの地理的な分散を促す可能性がある。一方で，情報技術（IT）の進歩は，ロボットの利用を促し，生産活動の地理的集中を促す可能性がある。労働集約的工程をロボットに置き換えることによって，賃金の高い国に生産を集中させるケースも考えられるし，または，知識やスキルを備えたロボットの利用が，人的資本の蓄積が十分でない国でも技術水準の高い製品やサービスを一貫生産することを可能にするケースも考えられる。こうした技術進歩は，今後の産業立地や国際貿易パターンを劇的に変化させる可能性がある。

15.3　技術やサービスの貿易--------------------

デジタル技術や情報通信技術の進歩は，サービス業務（タスク）の国境を越えた分散を促す可能性がある。結果的に，サービス貿易を飛躍的に増加させると予想され，情報やサービスの国際取引に関するルールの策定が急がれている。本節では，モノの貿易とは異なるサービスの貿易の特徴や貿易ルールについて説明する。

第1講の国際収支統計の説明の部分でも触れたが，サービス貿易とは，輸送サービスや旅行，モノの加工・組立など委託手数料，アフターサービス，保険料・保険金の支払・受取，外貨・証券の売買取引手数料，特許使用料・放映権料，通信・情報サービス料などの国境を越えた取引を指す。1990年代以降，急速にグローバル化が進展する中で，モノの貿易の増加にともなっ

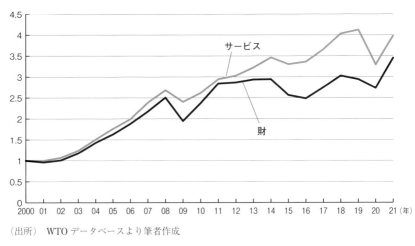

（出所）　WTO データベースより筆者作成

図 15-2　世界の財とサービスの輸出額の伸び

て輸送サービスが増加し，国境を越えたヒトの移動の増加を反映して旅行サービスも増加，さらに情報通信サービスも増加してきた。図 15-2 は，2000 年の世界の財輸出額とサービス輸出額を 1 として，その後の輸出額の伸びを表している。この図から，2010 年代に入ると，世界のサービス貿易はモノの貿易を大きく超えるスピードで増加していることがわかる。また，図 15-3 から，サービス貿易の中で金額が大きいのは，旅行や輸送，専門業務サービスなどであるが，特に情報通信サービスの貿易は近年の伸び率が最も高く，ICT 技術の進歩がサービス貿易にも大きな影響を与えていることが示唆される。

　サービス貿易の増加とともに，サービス分野の貿易自由化が進められてきた。1986 年から開始された GATT のウルグアイ・ラウンドにおいて，サービス貿易や知的財産権保護について交渉が行われたが，GATT が WTO に改組された後の 1995 年 1 月にサービス貿易に関する一般協定（GATS）が発効した。GATS では，モノの貿易に関する GATT-WTO の基本原則でもある最恵国待遇（GATS 2 条）と内国民待遇（GATS 17 条）の義務を規定するとともに，市場アクセスの義務（GATS 16 条）を規定している。さらに GATS では，

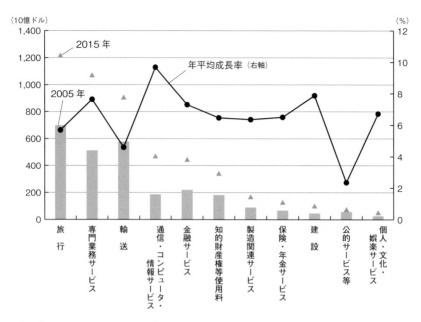

（10億ドル）
（%）

- 2015 年
- 年平均成長率（右軸）
- 2005 年

旅行　専門業務サービス　輸送　通信・コンピュータ・情報サービス　金融サービス　知的財産権等使用料　製造関連サービス　保険・年金サービス　建設　公的サービス等　個人・文化・娯楽サービス

（出所）　WTO データベースより筆者作成

図 15-3　世界のサービス貿易輸出額とその成長率（2005 ～ 2015 年）

サービス貿易の形態を図 15-4 のように 4 つのモードに分類し，各モードにおけるさまざまな分野ごとに各国がこれらの義務の適用を約束するという形をとっている。サービス貿易の自由化を進めていくということは，最恵国待遇を免除する分野を減らしていくことと，内国民待遇や市場アクセスの約束分野を増やしていくことである。

　サービスについては，たとえば各国で，医師や弁護士，教員などの専門職に対する国家資格が必要といった規制がある。また，公的サービスに関連する業種では，全国・全国民に対して公平にサービスを供給させる目的もあり，さまざまな国内規制が設けられていることが多い。さらに，通信や運輸など国家安全保障上の理由で外国企業の参入を制限している業種もある。サービス業においては，製造業よりも国内規制が多く，貿易制限的に作用するケースが多いが，GATS のサービス交渉を通じてサービス貿易の自由化も徐々に

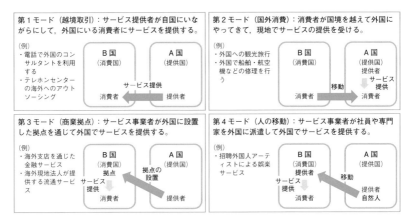

図 15-4　**GATS におけるサービス貿易の 4 つのモード（形態）**

進められてきた。

　しかし，サービスはモノとは異なる特徴を持ち，さらにデジタル技術の加速度的進歩はサービス貿易，特に技術や情報の取引ルールの策定を困難なものにしている。サービスはモノと違って目にみえないため，個数や重量で計測することが難しく，関税や数量規制などのわかりやすい貿易制限措置をとりにくい。また，貯蔵不可能なサービス（医療や教育，理美容，マッサージなど）は，生産と消費が同時に行われるため，サービス提供者と消費者とが同時に同じ場所にいる必要がある。つまり，実際にヒトが国境を越えて移動するという膨大な輸送費用がかかる。一方で，技術知識や情報などは，ほとんど輸送費用なしで離れた場所に運搬することができ，複数の消費者が同時に同じ知識や情報を利用することを妨げない。さらに，第四次産業革命が現実のものとなれば，医療や教育など，従来はサービス提供者と消費者が同じ場所にいることが必須であったサービスについても，離れた場所から質の高いサービスを提供できるようになっていく。従来は運搬が難しいとされていたサービスが，ほとんど輸送費用をかけずに瞬時に国境を越えて供給できるようになる。

そして，デジタル技術の進歩によって，ほとんど費用をかけずに情報を複製することも可能である。たとえば，書籍やCD，DVDなどは購入した人しかコンテンツを消費できないが，デジタル媒体の小説や映画，音楽であれば，ほとんど費用をかけずに複製や輸送が可能で多くの消費者に提供できてしまう（そのため容易に複製できないような技術的処理が施されている）。また，インターネットの普及は，個人が外国の企業と直接取引することを容易にし，企業間のみならず企業と個人消費者との間の電子商取引・金融取引も拡大してきた。このように，デジタル・コンテンツの普及や，電子商取引や金融取引の拡大は，サービス貿易の拡大に貢献している。一方で，モノの輸出入のように各国税関が取引を管理しているわけではないため，電子的な取引の金額や数量を各国当局が厳密に把握するには限界もある。このような状況の中，「電子的送信には関税を課さない」ことをWTO閣僚会議の第2回（1998年）の会合で暫定的に取り決め（モラトリアム合意），これを以降の閣僚会議のたびに，全会一致で追認してきた。

さらに，近年，「デジタル貿易」（Digital Trade）のグローバルな共通ルール化に向けた動きが活発化している。WTOにおいては，デジタル貿易は電子商取引としてサービス分野の一つに扱われているが，2019年1月のWTO非公式閣僚級会合の直後に，米・EU（28か国）・日・中・露などを含むWTO加盟の76か国・地域による連名で，「電子商取引に関する共同声明」が出された。これまで非公式で行われていたデジタル貿易の自由化の議論を，今後はWTOの正式な交渉に格上げしたいという趣旨の声明である。このように，途上国も含む多国間のデジタル貿易自由化協定の形成の重要性が広く認識されているが，WTO加盟国に共通のルール策定は難航しており，主要先進国は二国間ないし地域貿易協定（RTA）のもとで自国に有利な「デジタル貿易の自由化」ルール策定に動いている[1]。

1　たとえば，2018年末に発効した「環太平洋パートナーシップに関する包括的及び先進的な協定（CPTPP）」はデジタル貿易に関する条項を含んでいる。また，チリ，ニュージーランド，シンガポールの3か国が締結した「デジタル経済パートナーシップ協定（DEPA）」に対して，2019年11月に中国が加盟を申請し，2022年5月にはカナダも加盟を申請した。日本とアメリカは，「デジタル貿易に関する日本国とアメリカ合衆国との間の協定（略称：日米デジタル貿易協定）」を2020年1月に発効させるなど，各国がデジタル貿易協定をめぐって活発な動きをみせている。

デジタル貿易の自由化に向けて，(1) 電子的送信への関税賦課の禁止，(2) デジタルデータの越境移動の自由，(3) コンピュータ設備の立地要求の禁止，(4) ソース・コードやアルゴリズムの開示要求禁止，(5) 個人情報の保護などが必須項目として挙げられているものの，特に個人情報の保護については各国間の認識に差がある。また，企業や国家の機密情報の取り扱いについても各国の意見の隔たりは大きい。

　デジタル貿易の自由化と情報保護に関する先進国と途上国との意見の相違の背景には，たとえば GAFA（グーグル，アップル，フェイスブック，アマゾン）のように膨大な情報を保有する先進国企業に世界市場を支配されてしまうという脅威を感じている途上国が多いことがあるだろう。これは，知的財産権保護に関する先進国と途上国との意見対立とも類似する面がある。

　たとえば，技術やコンテンツに対しては，特許権や著作権のような知的財産権が設定されている。知的財産権の設定がなければ新しい技術やアイディアが簡単に模倣されてしまい，せっかく費用をかけて発明や著作を行っても，発明者や著作者が十分な対価を得られない。十分な対価を得られないのであれば，だれも新しい発明や著作をしなくなり，イノベーションが起こりにくくなってしまうのだ。そのため，知的財産権を保護する国際的ルールが策定され，WTO でも TRIPS 協定（Agreement on Trade-Related Aspects of Intellectual Property Rights）といって国際貿易面から知的財産権を保護する規定が合意されている。技術革新の多くが先進国で起きているため，知的財産権保護は先進国のイノベーションを促進する。しかし，知的財産権保護の度合いが強ければ，途上国は先進国で開発された技術の模倣が困難になり，途上国では財価格が上昇して経済厚生が低下することが予想される。

　デジタル貿易において，ソース・コードやアルゴリズムの開示要求禁止や個人情報の保護の強化は，デジタル技術への投資促進のためにも，また国家安全保障においても重要である。しかし，こうしたルールのもとで多くの情報が一部の先進国に握られると，途上国がこれらの技術や情報を利用して新しいビジネス・モデルを開発することが困難になってしまう。もちろん，こうした技術や情報，データの専有の問題は，先進国と途上国との間だけではなく，先進国間でも懸案となってきている。一方で，デジタル・コンテンツ

のみならず，医薬品やハイテク財，コンピュータ・ソフトウェア，アパレル製品など特許権や著作権，デザインなど知的財産権によって保護される財やサービスの国際取引は増加を続けており，国際的な共通ルールの重要性は増している。

15.4 まとめ------------------------------------

　情報通信・デジタル技術の加速度的進歩によって，国際貿易のパターンは今後も変化していくことが予想される。技術進歩によってオンラインでの会話やコミュニケーションがより円滑になり，面会コストが大幅に低下すれば，研究開発や商品企画などの知識集約的な工程が先進国に集積する必要性が低下するかもしれない。開発・企画，販売・アフターサービスなど，スマイル・カーブの両端に位置するような工程も国境を隔てて分離することが可能になれば（第三の分離，Third Unbundling），モノやサービスの貿易パターンのさらなる変化が起こるだろう。

　技術の進歩によって，伝統的なモノやサービスよりも，輸送費用や複製費用をほとんど必要としない技術知識やデジタルデータの国際的な取引の重要性が飛躍的に増している。知的財産や情報を保護しつつ，いかにデジタル貿易の自由化を推進していくか，国際的なルール作りが急がれている。

　一方，**第1講**のはじめにも触れたように，2010年代の後半から欧米諸国を中心に，貿易の自由化などに反対するアンチ・グローバリズムの動きが広がり，さらに中国経済の台頭によって米中貿易戦争といわれるほどに貿易摩擦が激化し，世界貿易の成長が鈍化してきていた。そして，2020年の新型コロナウイルスの世界的大流行は，サプライチェーンの断絶やヒトの国境を越えた移動の制限などを引き起こし，世界のモノ・サービス貿易は大きな負の影響を受けた。米中対立に加えて，2022年のロシアによるウクライナ侵攻をきっかけとした対ロシア経済制裁の発動など，世界の主要国間で経済関係が断絶する方向に進み，かつ世界各国が直面する地政学的リスクも深刻になってきている。こうして，近年は，ショックやリスクに備えてサプライ

チェーンを多元化・多様化し，国際分業パターンを再構築する必要性に迫られている。しかし，国際貿易理論は，世界各国が比較優位に従って分業し，互いに争うことなく，共通のルールのもとで自由に貿易を行うことが，貿易を行うすべての国の利益につながることを明快に示していることを忘れてはならない。

■ Active Learning

《練習問題》・・・

1. 経済産業省「通商白書 2016 年版」第 1 部第 3 章「成長の新しい萌芽のあらわれ」と第 2 部第 2 章「我が国の強みを活かしたサービス」を読み，日本のサービス貿易の特徴やサービス貿易拡大のための施策について論じなさい。
2. デジタル貿易に関する国際的ルールの策定に関連して，TPP11（CPTPP）や日米デジタル貿易協定ではどのような合意がなされているかを調べ，説明しなさい。
3. 各国の「比較優位」の源泉について，本書で紹介したような貿易理論ではどのように説明しているか。将来，さらに情報通信技術が進歩していくと，各国の比較優位の源泉はどのように変化していくと考えられるだろうか。皆で議論してみよう。

参 考 文 献
● ボールドウィン，リチャード（2018）『世界経済 大いなる収斂：IT がもたらす新次元のグローバリゼーション』日本経済新聞出版社。

索　引

著者紹介

伊藤　恵子（いとう　けいこ）【第 1・3・7・12・13・15 講執筆】

千葉大学大学院社会科学研究院教授。

1994 年早稲田大学理工学部工業経営学科卒業，1999 年筑波大学大学院修士課程地域研究研究科修了，2002 年一橋大学大学院経済学研究科博士後期課程修了。（財）国際東アジア研究センター（現公益財団法人アジア成長研究所），専修大学経済学部，中央大学商学部などを経て，2022 年 4 月から現職。博士（経済学）（一橋大学）。

主 な 論 文 に，"Global Knowledge Flow and Japanese Multinational Firms' Offshore R&D Allocation and Innovation,"（*Japan and the World Economy*, Vol.59, 101090. 2021，共著），"Overseas Market Information and Firms' Export Decisions"（*Economic Inquiry*, Vol.53, pp.1671–1688. 2015，共著），"Vertical Intra-Industry Trade and Foreign Direct Investment in East Asia"（*Journal of the Japanese and International Economies*, Vol.17, pp.468–506. 2003，共著）など。

伊藤　匡（いとう　ただし）【第 2・6・10・11・14 講執筆】

学習院大学国際社会科学部教授。

1991 年早稲田大学政治経済学部経済学科卒業，三井物産株式会社本店及びアルゼンチン支店勤務を経て，2003 年ロンドンスクールオブエコノミクス経済学修士号，2009 年ジュネーヴ国際問題高等研究大学国際関係論（専攻：国際経済学）博士号，アジア経済研究所主任研究員を経て，2016 年から現職。

主な論文に，"The Smile Curve: Evolving Sources of Value Added in Manufacturing"（*Canadian Journal of Economics*, Vol.54, pp.1842–1880. 2022，共著），"Managers' Nationalities and FDI's Productivity: Evidence from Korean Firm-Level Data"（*Industrial and Corporate Change*, Vol.25, pp.941–953. 2016，共著），"Export Platform Foreign Direct Investment: Theory and Evidence"（*The World Economy*, Vol.36, pp.563–581. 2013）など。

小森谷　徳純（こもりや　よしまさ）【第 4・5・8・9 講執筆】

中央大学経済学部准教授。

2000 年横浜国立大学経済学部国際経済学科卒業，2009 年一橋大学大学院経済学研究科単位取得退学。中央大学経済学部助教を経て，2013 年 4 月から現職。

主な論文に，"Cross-border Technology Licensing and Trade Policy"（*The International Economy*, Vol.23, pp.28–50, 2020，共著），"The Impact of Transfer Pricing Regulations on the Location Decisions of MNEs"（In *Firms' Location Selections and Regional Policy in the Global Economy*, pp.81–106, 2015，共著），"Stay or Leave? Choice of Plant Location with Cost Heterogeneity"（*Canadian Journal of Economics*, Vol.42, pp.615–638, 2009，共著）など。

ライブラリ 経済学15講[BASIC編] 6

国際経済学15講

2022年10月25日ⓒ 　　　　　　　　　　初 版 発 行

著 者　伊藤恵子　　　　　　発行者　森平敏孝
　　　　伊藤　匡　　　　　　印刷者　篠倉奈緒美
　　　　小森谷徳純　　　　　製本者　小西惠介

【発行】　　　　　　株式会社　新世社
〒151-0051　東京都渋谷区千駄ヶ谷1丁目3番25号
編集 ☎ (03)5474-8818(代)　　サイエンスビル

【発売】　　　　　　株式会社　サイエンス社
〒151-0051　東京都渋谷区千駄ヶ谷1丁目3番25号
営業 ☎ (03)5474-8500(代)　　振替 00170-7-2387
FAX ☎ (03)5474-8900

印刷　㈱ディグ　　　　　　製本　㈱ブックアート
《検印省略》

サイエンス社・新世社のホームページのご案内
https://www.saiensu.co.jp
ご意見・ご要望は
shin@saiensu.co.jp　まで。

ISBN 978-4-88384-357-2

PRINTED IN JAPAN

国際金融論15講

佐藤綾野・中田勇人 共著
A5判／288頁／本体2,400円（税抜き）

グローバル化がすすむ今日，国境を越えるお金のやりとり，そして海外の経済を考慮した場合のマクロ経済についての知識は，ますます重要性を高めている。本書は経済学部学部生のみならず他学部の学生や社会人でも，こうした国際金融論の基礎が理解できるよう，多くの図表やコラムを援用して解説した最新の入門テキストである。読みやすい2色刷。

【主要目次】

発行　新世社　　　発売　サイエンス社